本书编委会

主　任：张　雪

副主任：线长久　刘超美　杨　禾　邓兴军

成　员（按姓氏汉语拼音序）：

陈秀兰　高淑贤　韩宝芳　韩彩云　李克仁

李　涛　李子英　刘素梅　刘正亮　马清平

乔　永　阮秉刚　王德华　王建忠　王秀丽

吴月英　徐维珍　张卫华

点赞祖国
我们在行动

2017—2019年全国青少年主题教育读书活动

北京地区征文获奖作品集

北京教育系统关心下一代工作委员会 编

人民出版社

序

　　2019 年是中华人民共和国成立 70 周年，也是教育部关心下一代工作委员会（以下简称"关工委"）第二十二年开展主题教育读书活动，主题是"新时代好少年　我为祖国点赞"。目前，主题教育读书活动已经成为关工委对中小学生进行爱国主义教育、培养德智体美劳全面发展的社会主义事业建设者和接班人的有效途径。学校组织的各种形式的读书活动，深深地激发了学生们对伟大祖国炽热的爱，使他们能够从小立下长大报效祖国的壮志："我们身为祖国未来的栋梁，只有从现在开始努力学习、不断奋进，才能在将来牢牢地接住前辈交给我们的接力棒，义无反顾地担起实现中华民族伟大复兴的中国梦的重任。""我们的肩膀虽很稚嫩，但也要挑起满满的正能量！"……

　　2019 年，北京市共有 871 所中小学校的 54 万多名学生参加了"新时代好少年　我为祖国点赞"主题教育读书活动，比 2018 年增加了 30 多万名。无论是参加学校总数还是学生总数，都创北京市历年新高！能吸引如此多的学校和学生参加"新时代好少年　我为祖国点赞"主题教育读书活动，主要有以下几方面原因：

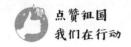
　　"新时代好少年　我为祖国点赞"主题教育读书活动的形式和内容具有强烈的感染力、亲和力。"新时代好少年　我为祖国点赞"主题教育读书活动是教育部关工委的品牌活动，是各级教育系统关工委着力加强青少年思想道德建设、围绕立德树人根本任务，培育和践行社会主义核心价值观、充分发挥"五老"作用的重要平台。学校通过开展丰富多彩的活动，引导学生深刻认识中华人民共和国成立70年来取得的巨大成就，让学生在活动中深切感受中华民族从站起来、富起来到强起来的伟大历程，教育引导学生把个人理想和祖国前途紧密联系在一起，增强他们的爱国意识和家国情怀，鼓励他们努力在实现中华民族伟大复兴中国梦的生动实践中放飞青春梦想。

　　北京教育系统关工委对主题教育读书活动高度重视，系统谋划，举措有力。为推动"新时代好少年　我为祖国点赞"主题教育读书活动的广泛深入开展，北京教育系统关工委在2019年4月专门召开了经验交流会和工作部署会，安排了多年来活动开展好的7个区就开展活动、完善组织形式、丰富活动内容、提高活动质量、吸引更多学生参与并受益等内容分享他们的经验和体会，还特别邀请了3位专家从不同角度作了经验介绍和专业辅导。北京教育系统关工委领导就深化与进一步推进主题教育读书活动提出要系统谋划、精心组织，要加强协同、得到支持，要注重宣传、营造氛围等6个要求，充分吸纳各基层单位的建议，修订了活动评选办法，新设了特等奖、优秀组织奖，增加了一等奖、二等奖的数量。

各区教育工委、教委和中小学校对主题教育读书活动大力支持、扎实推进。各区教育系统关工委通过向主管领导汇报，得到政策和经费等支持，与区教育工委、区教委联合印发红头文件、成立活动领导小组，与教科研及团委、少先队等合作，整体设计、精心组织、有效推进，紧密围绕立德树人的根本任务，培育和践行社会主义核心价值观，培根铸魂，以文化人、以文育人、以文培元，启迪思想、陶冶情操、温润心灵，采取学生喜闻乐见的形式，增强活动的感染力和吸引力，突出活动的实效，采用让更多学生更广泛参与的活动内容和形式，把老同志和学生结合起来。

参加主题教育读书活动的中小学生正处在青少年阶段，小的刚超过 10 岁，大的不超过 18 岁。到"两个一百年"奋斗目标实现时，他们正当青壮年。习近平总书记指出，青少年阶段是人生的"拔节孕穗期"，最需要精心引导和栽培。要给学生心灵埋下真善美的种子，引导学生扣好人生第一粒扣子。习近平总书记在党的十九大报告中指出："中国梦是历史的、现实的，也是未来的；是我们这一代的，更是青年一代的。中华民族伟大复兴的中国梦终将在一代代青年的接力奋斗中变为现实。"

为庆祝中华人民共和国成立 70 周年，北京教育系统关工委将全国青少年主题教育读书活动最近三年（2017—2019 年）的获奖作品 110 篇第一次编辑结集、正式出版。这些文章都是从上万名学生的投稿中脱颖而出的优秀作品，分别围绕着"新时代好少年　我为祖国点赞"（2019 年）、"红旗飘飘　引我成长"（2018 年）、"阳光校园　我们是好伙伴"（2017 年）的主题，充满着真情、激情，凝

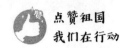

结着演讲学生和辅导教师及各区教育系统关工委老同志的心血。希望本书的出版能激励和感染全国更多的中小学生，鞭策和引导他们现在为祖国点赞，未来做祖国栋梁。

是为序！

北京教育系统关心下一代工作委员会

2019 年 7 月

目 录

2019"新时代好少年　我为祖国点赞"
主题教育读书活动　中学组

—特等奖—

—一等奖—

—二等奖—

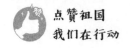
—优胜奖—

2018"红旗飘飘　引我成长"
主题教育读书活动　小学组

—一等奖—

—二等奖—

—三等奖—

2018"红旗飘飘 引我成长"
主题教育读书活动 中学组

—一等奖—

—二等奖—

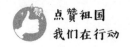

—三等奖—

2017"阳光校园　我们是好伙伴"
主题教育读书活动　小学组

—一等奖—

—二等奖—

2017"阳光校园　我们是好伙伴"
主题教育读书活动　中学组

—一等奖—

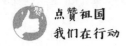

—二等奖—

—三等奖—

2019

"新时代好少年 我为祖国点赞"
主题教育读书活动

小学组

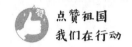

—— 特等奖 ——

我为祖国点赞——平凡的英雄

北京小学翡翠城分校四（5）班　孙浦楠

　　大人们经常问一个问题，就是——"你的梦想是什么？你长大后想做什么？"先不说我的回答，我请大家先看看我的模样：我，一位小学四年级的学生，学习中上，个头不高，有点近视，是不是你们身边有很多像我这样的男孩？太普通，太平凡了。但我要很坚定地回答："我长大了要做英雄！"

　　请别笑话我，我就是想摆脱平凡。但我得承认，这个目标有点远。英雄是什么样？我从书里看到的英雄大都是战争年代的人物，在电影里看到的英雄又多是虚构角色。当个什么样的英雄我还真没细想过。直到有一次，由于两条新闻引发的家庭大讨论，使我终于得出了坚定的答案。

　　2019年3月30日，四川省凉山州木里县发生森林火灾，30名消防员战士在灭火工作中突遇山火爆燃，壮烈牺牲。听到这一消息，我们都很难过又很感动，妈妈说："得永远记住这些逆山火而行的英雄，他们在岗位上默默无闻地工作，但是，时刻准备为人民冲上前，没牺牲的战士也应该被称作英雄。"爸爸说："没错，其实我们普通老百姓如果做了善举，有这种觉悟，也该叫英雄。"

我忍不住问他们："按你们这么说，没救人，没牺牲，也没有超能力帮助世界，随便一个普通人就能叫英雄了？"爸爸、妈妈听完并没有作答，而是找出2018年的新闻给我看：在浙江，一名88岁的老人到派出所捐款1万元资助上不起学的孩子，并且不愿意留下自己的姓名，而他已经行善10年，并且拒绝儿女的帮助，靠捡废品为生。妈妈问我："你觉得这位拾荒老人是不是英雄？"我心里想，这确实是一位善良无私的人，但说到英雄……如果因为老爷爷的资助，真能帮助这些孩子重返校园，通过知识改变自己的命运，走出贫困，而这些孩子长大后又可以帮助更多需要帮助的人……"嗯！老爷爷是英雄！"我大声说。

原来，英雄并不遥远，就在我们身边，他们是普通人，却在平凡的生活中作出了伟大的事迹。这种伟大不是必须牺牲自己来实现，也不是靠超能力才能做到。这些事迹当中也许没有煽情的眼泪，也许没有美妙的故事。人与人之间守望相助的善良之举就是英雄的光芒，这光芒平凡又不平凡，一团一团散发着温暖，让社会因为这些义举而变得更美好和谐，我为祖国有这样的平凡英雄点赞！

如果你再问我，长大后想做什么？我的回答依然是："长大了我要做英雄！"我现在是平凡的学生，将来也许是平凡的老师、平凡的警察，或从事着其他平凡的职业，但我会向所有善良的英雄们

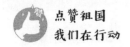
看齐，在自己平凡的世界里不断向上，成为别人点赞的平凡英雄，这就是我的英雄主义、我的梦想。

（辅导教师：王　佳）

点赞中国奇迹　感受中国力量

北京市朝阳区教育研究中心附属小学五（7）班　易承莹

听，那首《我和我的祖国》依然在耳边回荡，那浓浓的家国情怀牵动着无数中华儿女的爱国心；看，港珠澳大桥上车辆来往通行，那是一座同心桥。

2019 年 2 月 21 日，我终于踏上了这座被视为粤、港、澳互联互通的"脊梁"——港珠澳大桥。汽车行驶在珠三角环线上，远远望去，就能看到一条蜿蜒的巨龙卧在海面上。那就是因其超大的建筑规模、空前的施工难度以及顶尖的建造技术而闻名世界、备受关注的跨海交通工程——港珠澳大桥。港珠澳大桥全长 55 公里，从 1983 年开始前期规划，到 2009 年动工建设，再到 2018 年开通运营，整整耗时 36 年。它的建造史承载着太多中华儿女的文化记忆，更是因为它，我有了一份特殊的际遇——远在南方的港珠澳大桥，成为我这名来自北京的选手今天演讲的主题。

在旅途中，我一直兴奋惊叹。观看了青州航道段的同心结桥塔后，我更是激动不已。我感叹设计师、工程师们的良苦用心，他们将粤港澳三地的文化元素完美结合，将三地同胞共创美好未来的心声完美表达。当我感到口渴转身找水杯的时候，旁边那位爷爷轻轻颤抖的身体，引起了我的注意。我看到他把干皱的下巴抵在满是青筋的双拳上，能感觉到他在克制泪水流出那深陷的眼眶。我不敢打扰，但似乎已经扰到他的思绪。问询后，得知了爷爷这次旅行的意义：原来他的儿子是这座桥岛隧道 II 工区的质量总监。爷爷的儿子2011 年加入港珠澳大桥的建设，7 年来一直坚守岗位，没有一个春节是在家过的。虽然家人都很支持，但在这期间的某个春天，极度思念儿子的母亲在弥留之际的心愿，就是要去看看这座巨龙桥……

后来，爷爷问我："小姑娘，你将来想做什么？"我毫不犹豫地回答道："我要做一名中国故事的宣讲人。"因为，我见证了中国的爱心，我要宣讲她的大爱胸怀；我领略了中国的美丽，我想讲述她的绿色篇章；我享受着人工智能带来的便利，我想传播她的科技神话；我感受着中国的强盛，我要宣扬她的国防传奇……2018 年 10月 23 日，习近平爷爷宣布港珠澳大桥正式开通。我们举国欢呼，我们热血沸腾。中国的铸造者们，用意志和信念攻坚克难，用才华和智慧打造了一件又一件国之重器。港珠澳大桥从被认为不可能建成，到被国外媒体誉为"新世界七大奇迹"之一，这是中国力量创造的奇迹。我要为中国奇迹点赞，我要为我们中国力量点赞！

（辅导教师：孙　琦）

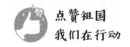

——一等奖——

环卫工人——我为您点赞

北京市第十七中学小学部五（2）班　陈怡霖

我，要点赞中华儿女！

他们中有航天志士、高铁勇士，有大国工匠、维和人员，还有教师、科研人员……但更多的是那些奋斗在平凡岗位上的普通劳动者们！

今天在这里，我要点赞的就是这样一位平凡而又普通的环卫工人。

在上学的路上，我每天都会看到一位环卫工人在打扫着一条道路的卫生。他戴着一顶橙色的帽子，身穿橙色工作服，身形消瘦、皮肤黝黑。很长时间以来，我没有见他说过一句话，总看见他用强而有力的手挥动着扫把，一遍又一遍地扫除路面上的垃圾。

那是一个入冬的早晨，天气十分恶劣，西北风发疯似的吹着一片片雪花，雪花中还夹杂着雨滴，雨落到地上结成了冰，冰上覆盖着雪。

我瑟缩着身子走在滑溜溜的雪地当中，心想："今天那么冷，环卫工人应该不会那么早就出来吧。"我向前望去，忽然又看见那个熟悉的身影，他拿着铁锹不停地清除着地面上的积雪和冰冻，为行人开辟出一条小路。我不知不觉地走到了他的身边。不知道为什么，每次从他身边经过时，我的心中总不由自主地涌出一阵阵暖流。他没有戴手套，粗糙的双手被冻得通红，但额头上却渗出点点汗珠。走在他开辟的这条小路上，我感到从未有过的安全和踏实。谢谢您，环卫工人！这就是我们城市的保洁员——环卫工人，他们虽然不引人注目，可却是这个社会的根基；他们虽然平凡，但他们所做的工作既平凡又伟大。为了整个城市的整洁，为了天空的清澈，为了生活在这个城市里的人们的身体健康，他们得付出多少辛苦的劳动啊！如果说我们的祖国像一个群星灿烂的夜空，那么环卫工人则像闪烁的星星，尽管人们不知道他们的名字，可是他们却在自己的生活轨道上发出一束束光和热，无私地照耀着别人。正是有了无数颗不知名的星星，才组成那壮丽的银河；正是有了无数颗不知名的星星，才汇聚成那样璀璨的星空。

我由衷地赞美你啊！可敬的环卫工人！

我由衷地赞美你啊！勤奋的中华儿女！

我由衷地赞美你啊！我亲爱的祖国！

习近平爷爷教导我们："绿水青山就是金山银山。"环境保护是一项需要每个人都付出的长期事业。让我们尊重每一位环卫工人辛苦的付出，携手共建"天蓝、地绿、水清"的大美中国。

（辅导教师：杜　志）

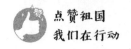

大国，归来！——我为祖国点赞

北京工业大学附属中学小学部五（2）班　王子茉

　　我是 2008 年出生的奥运宝宝，是伴随着祖国各项事业的蓬勃发展和奥运热潮成长起来的新一代少年。

　　3 岁时，我参观了宝鸡青铜器博物馆，看到镌刻在三千年前的何尊上的两个字——中国！从此，这两个字就深深地印在我的心里。我自豪，中国是四大文明古国之一。今天，我们依然能从甲骨文中读懂祖先的祈祷，从李白的诗句中领略古人的豪迈。

　　五千年的漫漫长路，辉煌而又坎坷。2019 年的清明假期，我参观了狼牙山红色教育基地。拾级而上，5 位壮士的故事仿佛历历在目。他们为了掩护群众和连队转移，义无反顾地纵身跳下数十丈深的悬崖。班长马宝玉牺牲时只有 21 岁，他们用生命和鲜血谱写出一首气吞山河的壮丽诗篇。望着他们纵身跃下的悬崖，我想起一句诗："世界需要极伟的男儿，就像大地需要拔地而起的山峰。"诚然，中国也有过山河破碎、任人宰割的历史，但每一次危机来临时，总会有顶天立地的勇士擎起大旗、披荆斩棘，使我们五千年的血脉生生不息！

　　中华人民共和国成立后，我们身边更是涌现出许许多多感天动地的英雄，他们同各行各业的建设者们一道，使我国在短短的 70

年里，发生了翻天覆地的变化。

10 岁生日时，我收到了一份特别的礼物——在非洲工作的爸爸发来的祝福视频。视频里，爸爸身边站着两名荷枪实弹的雇佣军，我才知道原来爸爸工作的环境是那么危险。这段视频让我的思念变为担忧。我们生活在和平的国度，无法体会到战争带来的伤害。看了视频我才明白为什么在撤侨行动中，中国公民看到中国军舰上"祖国带你回家"的横幅会突然泪奔，回到了祖国会情不自禁地亲吻这片土地……我们没有生活在一个和平的年代，却生活在一个和平的国家。我骄傲，我是中国人！无论我们身在何处，祖国是我们最强大的后盾！

在校外，我还是中国科技馆的一名小小志愿者，经常为参观者讲解科普知识，馆里的每一件展品都是我们中华民族的智慧之光。一次，展馆里来了一位外国参观者，他被如何打开一个榫卯结构的盒子这一问题难住了，他就是诺贝尔物理学奖获得者、美国著名理论物理学家弗兰克·维尔切克（Frank Wilczek）。当我轻轻开启机关时，弗兰克先生恍然大悟，对我国古代高超的科技水平赞叹不已。一脉相承的中华文化，奠定了中国在新时代快速发展的基础。

我爱你中国，我不仅爱你辉煌的历史和繁荣的今天，更爱你受尽磨难之后的顽强，更爱你跌倒之后的不屈！

在中国国家博物馆里，我看到了意大利返还中国的 796 件文物。在任人宰割的年代，祖国眼睁睁地看着它们被掠走，而今天，流浪的"孩子们"终于回来了！隔着玻璃橱窗，我在心里把它们紧

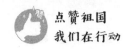

紧地抱了又抱，欢迎你们回家！你们的归来，代表着一个民族的复兴！代表着，一个大国的归来！

（辅导教师：李　诺）

我为祖国点赞

北京市怀柔区第三小学五（1）班　秦思嫣

在我演讲开始之前，我先请大家欣赏几张照片。大家看到这些照片后，一定和我一样，想大声地告诉世界：这就是我的国，这就是我的家，这就是我爱恋的地方；一定也想和我一样，骄傲地伸出大拇指为咱们的国、咱们的家点上一个大大的赞！

这些照片是我和妈妈一起到雁栖湖拍摄的。其中，我最喜欢国际会展中心这张，看：它像一只鸿雁正在展开翅膀，飞向和平、发展、合作的天空！

妈妈告诉我，2014 年中国 APEC 峰会、"一带一路"国际合作高峰论坛都是在我的家乡怀柔召开的。世界各国的发展蓝图在这里对接，大国之音在这里激荡！亲爱的老师们同学们，当妈妈告诉我这些时，我不光为家乡的美丽景色赞叹，更为我们祖国的腾飞感到骄傲！

作为一个孩子的我，最深切的感受还是我家的变化。

当我从家中抽屉里拿出一张旧照片时，不禁惊讶地说："低矮的平房、破旧的门板，这不是电影里才有的吗？"妈妈笑着说："这还是 20 世纪 50 年代时建的呢！大约 20 年前，我随军后就跟你爸住在这里，以前我们家在部队大院里，要自己烧煤取暖，交通很不方便。"妈妈告诉我，身为军人的爸爸是祖国和人民的忠诚卫士。在 2008 年北京奥运会期间，也是我即将出生的时候，爸爸跟随部队要将 2008 个大锣鼓从大兴运送到"鸟巢"，凌晨 3 点装车，到仓库卸完近晚上 12 点了。在我出生的那天，爸爸还在"鸟巢"执行任务，而我家附近没有通公交车，奶奶急得直掉眼泪，说："这可怎么办？怎么办哟？"最后，在邻居的帮助下，妈妈走了很久才到宽沟路口，搭上过路车去了医院。在世界人民的欢呼声中，奥运圣火在"鸟巢"点燃了，我也呱呱坠地。

伴随着嘹亮的军号声，迎着飘扬的五星红旗，我渐渐长大了。我惊讶地发现，我家周围低矮的平房不见了，一栋栋新楼前停放着形形色色的小汽车。我家的环境美了，身边的人也变了：健身器材每周总有人主动擦拭，大家更喜欢骑车或步行出门，说这叫绿色出行。一到周末，妈妈就会自告奋勇地对奶奶说："妈，想不想去城里转转啊？我开车送你去！"而奶奶却说："不用了，我和虎子奶奶约好了，坐 9 路车去！"现在家门口交通方便，老奶奶们都是自己结伴出行呢。

来到街上，高楼林立，繁华的万达广场傲然挺立在中心街，中科院大学、北京电影学院也落户怀柔，给我的家乡注入了新活力。绿水青山点缀下的怀柔，处处呈现着祥和安康的气氛。

我爱我的家，爱我身边的人，我爱这美好的一切！真希望自己

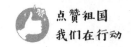
快快长大，好接过建设祖国的接力棒，把国家建设得更加繁荣昌盛，更加美丽富强！

亲爱的老师、同学们，你们听：这首熟悉的旋律又在我们的耳边响起，这是我们每一名中华儿女唱不完的恋歌，让我们一起来为祖国歌唱！为祖国祝福！为祖国点赞吧！

（辅导教师：卢　妍）

通过家乡看祖国

北京市怀柔区第三小学五（5）班　秦思博

今年寒假，我跟父母回湖南老家过年。当动车缓缓地驶离北京，我看着窗外一闪而过的旖旎风光与祖国的大好河山时想：我的家在北京著名的国际会都怀柔，这里有绿水青山，以举办过2014年中国 APEC 峰会、"一带一路"国际合作高峰论坛而举世闻名，可是我的老家湖南呢？它会贫穷落后吗？

记得小时候，老家条件不好，晚上睡觉被蚊虫叮咬，一踩到泥泞路的水坑，脚就陷了进去，好不容易把脚拔出来，但是鞋子却掉在泥潭里了……门前一堆堆牛粪又臭又脏，如果再一脚踩下去……天哪！我不敢再往下想了。

如今，刚下火车，我就惊讶地发现，城市里高楼林立，公路宽阔，一派生机盎然的景象。乡下奶奶家门口那条坑坑洼洼的小路不见了！平坦的柏油路两旁百花争艳。一辆辆电瓶车、小轿车架起了城市与乡村的桥梁。座座新居如雨后春笋，排排小洋楼错落有致。

"博儿回来了！"刚进家门，一个穿着崭新羽绒服、红光满面的老奶奶迎了上来。"奶奶，您太时尚了，我都认不出您了！"记得小时候，总见奶奶穿着灰灰的旧棉袄，即使破了也要补好再穿。"奶奶，您身体还好吗？"奶奶高兴地拉着我的手说："农村合作医疗体系让奶奶看病有保障了，身体好了奶奶又可以来北京看长城喽！"来到叔叔家，一栋小洋楼代替了以前的破旧平房。屋里墙壁雪白，家具、电器一应俱全。一辆现代越野车神气地傲立在门口。叔叔高兴地说："如今每家每户电脑、电视、冰箱样样不少，生活水平显著提高啊！"

家乡变化太大了！不止北京，全国都是繁荣昌盛的景象！记得我牙牙学语的时候，奶奶曾说："我们的祖国是中国，北京的天安门上挂着毛主席画像，中国人民从此不再受'三座大山'的压迫，这是伟大的中国。"

我蹒跚学步的时候，妈妈说："我们的祖国是中国，改革开放的春风吹遍了大江南北，踏着小康社会的脚步，老百姓买车又买房。这是繁荣的中国。"

当我回到北京上学的时候，老师说："我们的祖国是中国，上学免费，种地免税，看病享受公费，美丽中国建设幸福了亿万中国人！这是强大的中国！"

今天我们在祖国的怀抱中衣食无忧、和平安全地生活，多么幸福！我们一定会好好学习，接过建设祖国的接力棒，把国家建设得

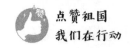
更加繁荣、昌盛、美丽、富强！2019年是祖国母亲70周年华诞，我要用我的声音歌颂这幸福的时代，大声地为你点赞啊，带着无数个春秋的骄傲和光荣的亲爱的祖国！

（辅导教师：于海龙）

做新时代盲童　我为祖国点赞

北京市盲人学校四年级　程子淇

　　我是一名盲童，我叫程子淇，今年10岁了。生活在盲校的大家庭里，我很幸福！你们每个人都有好朋友吧？伤心了有朋友陪伴；高兴了与朋友分享。我也有一个特殊的朋友，她叫"盲文"，就是我们盲人用的文字。

　　3岁半以前，我的眼睛非常好。蓝蓝的天空、红红的太阳、绿绿的小草，我眼中的世界是那么美好。那个时候，妈妈、姥姥教我认识了一些简单的汉字，我可以读漂亮的图画书。可是，突然有一天，我的阿姨发现了我的眼睛有些异常，我看东西也越来越模糊。后来，妈妈就带我去福建做了手术。可是，医生说这种眼病不能治好。真的是这样，慢慢地，我什么也看不见了。蓝天、白云、小草，我什么都看不到了。我们全家都很难过。

　　失明了，看不见汉字了，再也不能看我心爱的图画书了，那么，我怎么来学习知识呢？我妈妈到处打听，我这样的孩子怎么上学。后来知道了北京有盲校，可以让我来上学学习知识。上学了，老师告诉我们，我们学习的文字叫盲文。喔，盲文真神奇，一个个小点点在我的手指下飞舞变化，竟可以读出一句句美妙的话语。学会了盲文，我又可以读书啦!《格林童话》《花瓶终结者》，等等。我仿佛又在书里感受到了小鸟的叫声、溪水的流淌、蓝天、白云，我又可以在知识的海洋里自由地翱翔了。正是这神奇的盲文，让我可以和其他小朋友一样学习文化知识，等长大了我也可以上大学。从此，盲文就成了我的好朋友，我每天都离不开她，日记里记录下了我的喜怒哀乐。这个好朋友让我重新认识了这个美丽的世界，让我每天都过得很充实、很快乐。

我为祖国点赞!听说在旧社会是没有专门的盲人学校的，人们能够想到的、看到的就是盲人沿街乞讨，或者街头卖艺。而我生活在新时代，坐在宽敞的教室里学习，我是那样的幸福。

我为祖国点赞!因为她为盲童修建了那么漂亮的学校。我最喜欢我们学校的操场，因为在操场上我可以自由地奔跑，而不用担心撞上别人。那是个用假草做的大草坪，足以容纳二三百人。草坪四周是用塑胶做的跑道，跑道上有两条盲道。操场正北边是国旗杆，每周一学校升国旗仪式时，国旗班的同学们就会把国旗升上去，我们全校师生一起唱国歌，诵校训。那是仪式感超强的时刻，每次我都会热泪盈眶。

操场旁边有一块绿地，春天的时候，那里会长满蒲公英。老师曾经多次带我们到草坪上摘蒲公英，然后吹落。蒲公英的种子就像一个个小小的降落伞，飘飘扬扬地从空中落下。此外，还有一些不

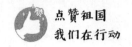
知名的小野花，黄黄的，我们经常去摘下来，戴在头上。

操场的出口有灌木丛，我们路过那里时总会轻轻地蹭一下，好像跟老朋友打招呼一样，她们长得是那么茂盛。

操场的外围有许多树和菜地。有一棵树我特别喜欢，老师曾经带我们闻它的花蕊，触摸它的小果实，再到触摸它青色的果实，最后品尝它黄灿灿的、酸甜可口的果实，那就是杏树。走过一堵矮墙，我们就来到了菜地，同学们在那里种了许多菜。有辣椒、茄子、西红柿……作为新时代的盲童，我每天都很开心、自信！

用心迎接每一天的太阳！拥抱每一天幸福的生活！

做新时代盲童——我为祖国点赞！

（辅导教师：李莺燕）

——二等奖——

中国脊梁

北京市大兴区首师大附中大兴北校区五（1）班　武心岚

起飞啦，起飞啦。2019 年 5 月 13 日 9 点 29 分，当第一架试飞飞机成功降落在北京大兴国际机场，我们的教室里一片欢腾。同学们，大兴国际机场的试飞成功，标志着大兴的发展又进入了一个崭新的历史阶段。那么，你们知道在新机场建设过程中，建设者们付出了怎样的艰辛劳动吗？他们为建设新机场日夜奋战，让我们为他们点赞！

这个好消息让我想起了另一个飞机试飞成功背后的故事。2012年的冬天，沈阳格外寒冷，但是，在我国首艘航母辽宁舰上，却洋溢着喜庆的气氛，因为我国自主研发的歼 –15 试飞成功了，大家欢呼着跳跃着。可是，就在这成功的欢呼声中，歼 –15 研制总指挥罗阳叔叔猝然倒下，再也没有起来。在罗阳叔叔女儿的心中，爸爸是这个家的脊梁，有了爸爸，天就不会塌。他的女儿说："我一直为

有这样的爸爸而感到骄傲与自豪。小时候，难得见爸爸在家里多待一会儿，他就像一阵风一样说走就走。而童年的我，总是牵着妈妈的手，看着爸爸行色匆匆的背影。爸爸，你知道当时我心里有多难受吗？我觉得，你除了我这个女儿之外，你还有一个孩子，为了他，你可以舍弃这个家。他占用了你太多的时间，耗费了你太多的精力。而这个孩子，我妒忌他，他抢走了我最亲爱的爸爸。"

没错，罗阳叔叔的另外一个孩子就是歼-15，他把全部的爱都投入到了舰载机的研制任务中。医生在对罗阳叔叔进行抢救的时候发现了一个小本，封底上有他写的一行字："航空报国从来不是荣誉，而是责任。"当罗阳叔叔的灵车回到沈阳的那个晚上，千百个沈飞人开着自己的车来到试机跑道，一齐打开汽车大灯，照亮罗阳叔叔回家的路……

罗阳，既是女儿心中的脊梁，更是中国的脊梁，因为他用自己的一生为中国的航天事业撑起了一片蓝天。其实，在我们身边，还有许许多多这样坚不可摧的脊梁，新机场建设中有多少人为了确保通航彻夜奋战，就有多少人舍小家为大家无私奉献。当我坐在爸爸腿上撒娇时、当我和爸爸在草坪上快乐嬉戏时、当爸爸为我做好丰盛的晚餐时、当我们乘坐飞机全家出游时，我不禁想到他和他们……

起飞了、起飞了，歼-15起飞了，大兴国际机场的飞机起飞了，中国制造起飞了，飞起的是梦想，飞起的是自强，飞起的是希望，但我们永远不会忘记那些负重前行的中国脊梁，让我们为他们点赞，为我们自强不息的祖国——点赞！

（辅导教师：李燕娜）

我正在继承那片热土的红色基因

北京市顺义区裕龙小学五（11）班　黄孟子杰

年初，我和爸爸一起阅读了《我为祖国点赞》一书，书中以深情的笔触展示了中国的文明、奋进、平安、开放与担当。其中，"美丽中国"一章，更引人入胜，那碧绿无际的内蒙古草原、斑斓流动的黄土高坡、青葱妩媚的崇山峻岭、浩瀚无边的湛蓝海洋，仿佛是一幅幅无以伦比的巨幅画卷，同时也让我不由得想起我美丽的家乡——福建长汀。我问爸爸："咱们家乡是什么样的呀？"

爸爸不假思索地告诉我，我们的家乡太美了，被人称为中国两个最美的小城之一，山清水秀、林茂田肥。不过，更令人自豪的是，那里还是全国著名的革命老区和红军长征的出发地之一，当年就有"村村有烈士，户户无门板"的谚语。可是后来，由于多年来忽视环境保护，渐渐地，家乡的山黄了，水浊了，水土流失面积最多时曾达 146 万亩。

但幸运的是，1999 年，时任福建省委副书记的习近平爷爷专程来到长汀，发出了"滴水穿石，人一我十"的号召，指挥家乡人民以敢教日月换新天的革命老区精神，大力推进水土流失治理。经过 20 年的艰辛努力，过去的一座座"火焰山"变成了"花果山"，过去的一片片不毛之地又重新披上了绿色的新装，家乡长汀实现了

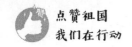

"百姓富"与"生态美"的双重目标，长汀再次大放异彩！

爸爸又说："你从未回过家乡，暑假我想带全家重回故里看一看，怎么样？""好呀！因为我早就听说家乡有长汀古城、客家土楼、汀江湿地和满城的彩灯，当然得欣赏一下咱们家乡的美景；还要寻访毛主席等老一辈革命家在长汀留下的足迹；对啦，我还想和当地的小伙伴建一个朋友圈，让他们给我讲家乡变化，讲红色故事，而我呢，还要向他们大力推广普通话并且交流各自的学习心得。"爸爸非常支持我的想法。

我还要告诉家乡父老，作为长汀后代的我，决心继承那片热土留给我的红色基因。我有着敢担当的志向，几年来一直是班里的小班长，经常带领同学开展敬老、环保、学雷锋活动，因而获得感动校园人物提名奖及顺义区美德少年称号；近两年，先后获得了"美丽中国我是行动者"演讲比赛全区第一名、"广播之声"朗诵大赛市级一等奖和"清玄杯"朗诵比赛全国特等奖等奖项。一句话，为祖国点赞就要看行动，就要从自己做起，为家乡争光，给祖国提气！就要按照习近平爷爷的指引，努力去实现国家富强、民族振兴，人民幸福的中国梦！

（辅导教师：王立霞）

祖国发展我成长

北京市丰台区东高地第四小学六（3）班　赵邵帅

我的祖国，屹立在世界的东方，是一个有着 5000 年历史的文明古国，也是一个勇于奋进的科技强国。我的祖国，就是美丽富饶的中国，我要为我的祖国点赞！

我要为祖国先进的科学技术点赞！

在古代，中国以"造纸术、印刷术、火药和指南针"四大发明闻名于世，而在数千年后的今天，"移动支付、高铁、网购和共享单车"新四大发明使人们的生活更加便捷。

2018 年的暑假，我和父母坐高铁去南京。早上 8 点，我们坐上了高铁，11 点 24 分就到达了南京南站，全程只用了 3 小时 24 分。这个速度已经相当惊人了，而现在最快的磁悬浮列车速度则可以达到 500 千米/小时。40 年前，中国高铁总里程为零，而现在达到 2.9 万公里以上，超过世界高铁总里程的三分之二。因为听说过高铁在运行中十分平稳，所以我还特意做了个实验。在列车全速行驶时，我拿了一瓶矿泉水在桌子上倒立，真的没有倒！这让我感受到了祖国高铁科技的强大力量。

我要为祖国的航天事业点赞！

我的学校就在东高地航天部大院内，这是祖国航天事业的发源

21

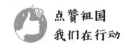

地，我们当中很多同学的家长就在航天大院里工作，同学们很早就接触到了有关航天的知识。2019年4月下旬，中国运载火箭研究院的研究员张国友爷爷来到我们学校，给六年级的全体师生做了关于"中国航天与国防"的科普讲座。在讲座上，同学们都积极举手发言，讲述自己了解的航天知识。通过讲座，我们了解了"两弹一星"的研制过程，知道了国家的秘密不能泄露。就这样，在老一辈航天研究员的关爱下，同学们的心里也都有了一个个小小的航天梦。

我要为祖国的优秀儿女点赞！

我国科学院院士林俊德从1960年开始从事科研工作，隐姓埋名参加了国家45次核试验任务。也正是因为这45次惊天动地的核试验，中国才真正挺直了脊梁，中华民族才以更加昂扬的姿态屹立于世界民族之林！2012年5月4日，林俊德被确诊为"胆管癌晚期"。从确诊到逝世的27天时间里，他戴着氧气面罩、身上插着十多根管子，一直工作到生命的最后一刻！他已经做了能为自己的祖国和民族所能做到的一切！而我们，最应该做的事就是让世人铭记他的功勋！继承他的事业！

作为一名新时代的小学生，我感到无比的自豪！习近平爷爷说过："撸起袖子加油干。"是呀，虽然我们现在还小，但是我们是在祖国蓬勃发展的"沃土"中成长，我们也要"撸起袖子加油学"，将来才会成为建设祖国的有用之才。

在此，我情不自禁地为我伟大的、亲爱的、美丽的、富饶的祖国点赞！

（辅导教师：许　莹）

我的桃乡　我的家国

北京市平谷区第五小学六（1）班　李悦瑄

"一玉口中国，一瓦顶成家；都说国很大，其实一个家；一心装满国，一手撑起家；家是最小国，国是千万家。"曾经牙牙学语的我对"中国"二字充满好奇：奋起奔跑的奥运健儿的运动衣上印着、天安门城楼上挂着、区政府门口的门牌上标着……无论我走到哪里，都能看到这两个字。我问妈妈什么是中国，妈妈说："中国是我们所有人共同的家。"

原来，我的家很大，大到有 14 亿人，这个家叫国家；我的家亦可为国土一方，这个家叫家乡。家乡的发展是祖国发展的缩影。祖国的繁荣富强，也带动了家乡的经济建设。我的家乡——平谷大华山的发展，承载了家乡人为梦想砥砺前行、勇于攀登的奋斗史，寄托着人们对未来生活的美好愿景。

来来来，请跟我一起走进我的家乡。

穿过大岭的狭窄山口，眼前豁然开朗，七仙女的粉红色薄纱被春风吹落到这里，铺满大地。过往游客被这一树树桃花惊艳，发出一声声惊叹：这不是陶渊明笔下的"世外桃源"吗？没错，这儿就是世外桃源，每年 4 月这里都会举办声势浩大的桃花节，喜迎八方

23

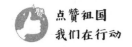

来客。您可顺着柏油路在花间穿行，一品沁人花香；也可走进地里田间，在树下徜徉，看看我的父老乡亲是如何数花、对粉，在赏花之余，了解农业知识；抑或登上小金山，让这粉红世界尽收眼底，充盈您的心脾……

平谷大华山有4万多亩的大桃种植林。每年6月至10月中旬，是多汁、香甜的大桃成熟的季节。虽说此季无桃花可赏，但这里85%的山地都被森林覆盖，负氧离子的浓度高达每立方厘米90000多个。作为"北京的后花园"，这儿可是最佳的森林氧吧。来这里度假吧，这里可以让您收获满眼绿色、满耳鸟鸣、满腔清爽！渴了，有胜泉庵的泉水解渴，喝一口清泉，暑气顿消；饿了，移步山下，进入农家院，有平谷十大美食之一的胜泉大煎饼供游人品尝，五谷磨的粉，再卷上土鸡蛋、小葱、香椿、野菜……满满一卷儿的幸福，咬上一大口，满足感便会油然而生……

有人说，山里的冬季生活百无聊赖，可是，在我的家乡，走进挂甲峪民俗村，住进四合院，泡一泡温泉，尝一尝大棚种植的富硒果蔬，冬日的慵懒便会一扫而光。淳朴的乡民在门前挂上寓意丰富的楹联，让您在享受"纯生态慢生活"的同时，还能体味中华传统文化。难以想象的是，几十年前的挂甲峪还是"羊肠道，荒山头，吃水贵如油"的小山村。如今，几代"挂甲人"在党的领导下走上了创业脱贫致富之路，成就了今天的"平谷生态第一村"。

我为自己能够见证家乡的美好生活，见证家乡人努力攀登的精神，感到无比的骄傲和自豪！我爱我的家乡，我爱我的祖国，我的家乡正插上飞翔的翅膀，乘着实现中华民族伟大复兴中国梦的风，飞向世界。我相信，不久的将来，祖国的明天会越来越好，所有人的家乡也会变得更美好！

（辅导教师：王春杰）

今天，我为祖国点赞　明天，我做时代先锋

首都师范大学附属顺义实验小学五（2）班　郭宇涵

在世界的东方，960 余万平方公里的中华大地养育着 14 亿中华儿女，拥有五千年灿烂悠久的历史与文化。中国在自强不息、艰苦奋斗的沧桑岁月里铸就了实现中华民族伟大复兴的中国梦，赢得了世界的尊重与瞩目。这是我们中国人的骄傲，我要为祖国的繁荣昌盛点赞。

2019 年，10 岁的我开始回忆与祖国一起成长的日子。

2009 年，我刚刚出生。听爸爸说，那一年新中国迎来 60 岁生日，盛大的阅兵式在首都北京举行。我国是联合国安理会五个常任理事国中派出维和人员最多的国家，在海外执行维和任务的军人叔叔就有 2000 多人。我为祖国的责任与担当点赞！

2012 年，3 岁的我哭着被送进幼儿园。在家里，常听爷爷和爸爸聊一些新闻："神九"飞天首次对接，"蛟龙"下海创新纪录。妈妈在幼儿园门口对我鼓励最多的一句话就是：你是男子汉，祖国的

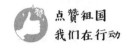
未来建设需要你!

2015 年,我 6 岁了。在那年,海拔 2000 米以上高原地区最长高速公路隧道——六盘山隧道全线贯通。而我成为一名小学生,并加入了中国少年先锋队,在星星火炬旗帜下郑重宣誓:"准备着:为共产主义事业贡献力量!"后来,我在班级认领了服务岗,学习规划时间、认真做好值日,用行动为"星星火炬"争光。

2017 年,在妈妈的影响下,升入小学二年级的我第一次带着积攒的零用钱加入敬老志愿服务队,志在家国、情怀天下,用实际行动为祖国点赞。

2018 年,正逢改革开放 40 周年,港珠澳大桥全线通车。我承担了首都少年先锋岗站岗任务。接到任务的那一刻,我感到无比荣耀。2018 年 9 月 9 日,当我站在人民英雄纪念碑前,打着队旗、敬着队礼,为英雄站岗执勤的那一刻,我感到胸前的红领巾格外鲜艳。

2019 年,祖国喜迎 70 华诞,第二届"一带一路"国际合作高峰论坛在北京举行。而我,也迎来了 10 岁生日。我主持了学校"我和我的祖国"诗歌朗诵会,讲述了顺义《潮白烽火》中小八路军的抗战故事,他们把热血洒在祖国大地上的英雄事迹深深刻在了我的生命记忆里。

习近平爷爷说:"中国社会发展,中华民族振兴,中国人民幸福,必须依靠自己的英勇奋斗来实现。"这是我们每一个中国人的责任担当。今天,我不但要为祖国点赞,还要锤炼品格、树立理想、学习本领,为集体多做好事,为身边人多送温暖;明天,真正成为祖国合格的建设者和接班人，为我们的祖国贡献自己的力量，争做 30 年后祖国的时代先锋！

（辅导教师：屈建民）

我要为我的祖国点赞

潞河中学附属学校五（2）班　马悦众

爸爸、妈妈说，2008 年，也是我出生那年，我国首次成功举办了奥运会。奥运会是世界上最大的体育盛会。8 月的北京，奥运的圣火熊熊燃烧，中国敞开双臂热情拥抱着世界各国的运动健将和观众……爸爸、妈妈讲的这件事，我不记得，但我听了感觉很自豪。

我四岁那年（2012 年），爸爸、妈妈经常带着我乘坐高铁往返于北京、石家庄之间。高铁有多快，我记不清了，反正高铁把我家与外婆家的交通时间缩短了。听爸爸、妈妈说，这一年，我国的科技发展突飞猛进，不仅"地上跑的"高铁跑出了"中国速度"，"水里游的"钢铁长城——我国第一艘航空母舰"辽宁号"开始守护祖国的海域；"天上飞的"——"北斗卫星导航系统"让人们不再迷失方向……

我七岁那年（2015 年），爸爸突然研读起中医典籍。他告诉我，我国科学家屠呦呦获得了诺贝尔生理学或医学奖。我国传统医

27

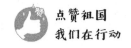

学——"中医学"这一块宝，引起世界瞩目……

八岁那年（2016年）的夏季，爸爸、妈妈带我登上了"华北屋脊"——山西五台山的最高处。夜晚，我看到了灿烂的星空。天上的星星扑闪着眼睛，像在注视着我们。2016年9月，中国"天眼"在贵州落成，这面500米口径的球面射电望远镜，是具有我国自主知识产权、世界最大单口径、最灵敏的射电望远镜。爸爸神秘地对我说："你不是对外星人感兴趣吗？它有可能帮助你找到外星人呢！"

2017年，我喜欢上踢足球，想拥有一双长筒的足球袜。爸爸在手机上帮我下了单。过了几天，我的足球袜就送到了。爸爸、妈妈说，高铁、网购、移动支付、共享单车，已经被世人誉为"新四大发明"。

有一天，爸爸问："想一想，你乘坐过几次飞机？"我想了想，去海南三亚、去香港，都是飞着来去的。爸爸说，以前我们乘坐的大飞机是外国制造的，2017年5月，我国第一架大飞机——C919大型客机在上海圆满首飞。大飞机，被称为"现代工业王冠上的明珠"。有了C919，我国也跻身世界"大飞机俱乐部"了。我想，以后我可以乘坐祖国的大飞机在全世界飞来飞去啦！

2019年春节前，爸爸问我："嫦娥在不在月亮上？"我不知道。爸爸说，我国的航空航天技术更上层楼，"嫦娥四号"探测器登陆了月球背面。古人"嫦娥奔月"的传说成为现实，可惜嫦娥没在月亮上。

昨天，妈妈让我看了一条微信：马云宣布"阿里未来酒店"正式营业。这家酒店是世界上第一个没有服务员的酒店。妈妈问我："你想不想去体验一下？"我说："想啊！告诉我咱们什么时候去啊？"
……

历史上的中国，孕育了五千年的文明；今天的中国，科技创新的触角伸展到生活的方方面面，把许多的"不可能"变成了"现实"！

作为生在这片土地上的孩子，我自豪，我骄傲，我要为我的祖国点赞！当然，我也要好好学习，将来做对社会有用的人，争取让祖国也为我点赞！

（辅导教师：田晓娜）

门头沟区　亮丽起来了

北京市门头沟区育园小学五（1）班　方羽晨

读完《我为祖国点赞》这本书，我心潮澎湃，在为祖国发展自豪的同时，脑海中清晰地浮现出家乡日新月异的新气象。

小时候，总听爷爷念叨："家有半碗粥，不来门头沟。"如今，我长大了，拉着爸爸的手，我俩每晚徜徉于此，我发现我的家乡门头沟——它亮丽起来啦！

看！蜿蜒的永定河奔流南去，高大雄伟的永定楼伫立岸边。金色的灯带勾勒出层层飞檐，绿色的草坪灯将周围的一切衬托得金碧辉煌。"微微风簇浪，散作满河星"，多么迷人的一幅京西晚景！华

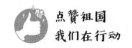

灯初上，新桥大街上的车辆往来如梭，汇成金与红交织的河流。探照灯下，"不忘初心，牢记使命"八个大字，深深地印刻在我心底。啊！美丽的门头沟，我为你点赞！

沿着石担路往南，放眼望去，那一片灯海正是生机勃勃的南部新城。盏盏路灯纵横交错，像士兵守卫着这方净土。"哪有什么岁月静好，只是有人在为我们负重前行"，爸爸的话拨动了我的心弦。抬头向东望去，新落成的门头沟少年宫俨然一颗璀璨的钻石，在静谧的夜色中熠熠生辉。天际间，塔吊的轮廓灯忽明忽暗，不断托起门头沟的新高度。新首钢大桥正在建设，磁悬浮列车飞驰南去……它们正载着家乡人民开始新的征程。啊！日新月异的门头沟，我为你点赞！

街道旁，红绿灯交替闪烁，人们或安静等待，或疾步行进，用自己的步伐演奏着文明小夜曲。站台上，广告灯明亮如昼，乘客有序上下车。啊！文明有礼的门头沟人，我为你点赞！

夜幕下的滨河广场灯火辉煌。叔叔们三五成群，抖空竹享快乐；阿姨们围成一圈，踢毽子塑体型。这一位纵身一跃如山猿，那一位落地轻盈如飞燕……老人们也欢聚一堂，拉风琴，吹簧管，动情的大合唱在大地回响："我的祖国和我，像海和浪花一朵……"啊！朝气蓬勃的门头沟人，我为你点赞！

每当夜幕降临，我的梦想也亮起来了。太阳能路灯下，我和同学组建的"创城环保小组"正在"秘密行动"。我们手提帆布袋子，分工合作。你负责草坪卫生，我负责健身区整洁；你负责捡拾垃圾，我负责合理分类。汗水湿透了衣衫，笑容却爬上了脸庞。我们望着彼此黑乎乎却格外灿烂的笑脸，禁不住向对方竖起大拇指——有责任心的门头沟少年，我为你们点赞！

夜深了，我信步行走在门头沟的夜色中。在灯光中欣赏它，在夜的路口处憧憬它的未来。夜深了，我的梦想在门头沟的夜色中闪亮。我对自己说，奔跑吧，少年！用知识武装自己，用智慧建设家乡！看！门头沟，它亮丽起来了！请竖起大拇指为它点赞！我的家乡，我的祖国，我为你们点赞！

（辅导教师：刘冬捷）

锁定大学志愿　立志为建设更美乡村作贡献

房山区南召中心校四（1）班　刘紫茉

提到房山，相信很多人都有所耳闻，这里历史悠久，人文底蕴深厚，素有"人之源""城之源""都之源"的美誉。举世闻名的周口店"北京人"遗址是人类文明的发祥地；3000多年历史的琉璃河西周燕都遗址被史学界视为北京古代城市发展的起点；860多年前的金代皇陵，印证了北京建都的沧桑。现在的房山更是生态宜居，交通便利，京港澳、京昆和正在规划建设中的京雄高速等交通要道贯穿其中，距雄安新区、首都核心区均在1个小时车程以内。我就幸福地生活在这里。

读了《我为祖国点赞》一书，阳光照耀下的山山水水，在我眼

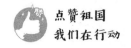
前徐徐展开，形成了地球上最美的画卷。我想，我的家乡——琉璃河镇南召，便是这美丽画卷中的一处亮丽风景。

你看，我家乡的小清河缓缓地流淌在这片神奇的土地上，蓝天下，成群的野鸭在波光粼粼的河面上嬉戏玩耍，从远处飞来的白鹭优雅地在河面上舞蹈、滑翔；河堤两岸垂柳依依，鲜花烂漫，络绎不绝的游人三五成群，闲庭信步。我们一家人也常到这里散步观景，享受着"人在画中走，画在水中游"的惬意悠闲。真是美哉，乐哉！但听爸爸、妈妈讲，在他们小时候，小清河就像一条垃圾河，两岸如同荒野一般。挖沙导致黄土漫天，河流被严重污染。别说来散步，路过都要绕着走。当"绿水青山就是金山银山"的绿色发展理念深入到每一个村民的心里时，我的家乡也在悄然发生着翻天覆地的变化。现如今，"天蓝了，地绿了，水清了"，南召成了人人向往的美丽花园！我庆幸，自己赶上了好时代。

好政策不但让家乡的河流清澈了，还成就了家乡"梨花节"的盛况。从早春时分，那一朵朵素洁鲜活、香气萦绕的梨花，便簇拥着从嫩绿的枝叶间争先探出头来，好奇地打量着家乡的变化，由此构成的"梨花节"每年都吸引着大量游客到来。而口味纯正的京白梨畅销全国，给家乡人民带来了可喜的经济效益。

如今，每天被美景包围、生活富足的家乡人，幸福感"爆棚"，人们脸上总是喜气洋洋，随处可见一家老小其乐融融的幸福场景。再联想到我们这么好的学习环境，我想大声说："我们的生活，真好！"这让我想起了习近平爷爷的话："国家好，民族好，大家才会好。"是啊，家乡的点滴变化不正是美丽祖国日新月异变化的缩影吗?

　　我想大声告诉亲爱的祖国：作为幸福的房山少年，我为拥有强大的祖国、美丽的祖国而骄傲，祖国，我为您点赞！一种责任感在我心里油然而生，为了让祖国永续辉煌，我要努力学习，强健体魄，为实现中华民族伟大复兴的中国梦作出自己的贡献！

　　于是，我这个才四年级的小学生，开始悄悄查阅大学的专业信息，并且暗自锁定了城市规划和土木工程专业作为自己将来报考的方向。因为我发现，这两个专业有很多专业课内容是关于乡村生态建设的，还有建设新型农场、新型大棚的。我要让美丽的乡村更加美丽富饶。

（辅导教师：孟　昊）

给祖国妈妈的一封信

北京市延庆区西二道河中心小学四年级　邹　瑞

亲爱的祖国妈妈：

　　您好！

　　我是您的孩子邹瑞，今天我想给您写封信，因为我特别特别想对您说："祖国妈妈，我的家乡变化可大了！我们的生活越来越好了！"

　　我是一个土生土长的农村孩子，居住在延庆井庄镇窑湾村。听爷爷奶奶说，过去，我们村甚至整个延庆都特别穷，没有新房子

住，过年才舍得买件新衣服或者买点肉吃，更谈不上什么住楼房、下馆子了……可是，爷爷奶奶说的这些我一点都没有感觉，因为，我看到的家乡是山美、水美、路宽，花多、树多、楼多；以前我们居住的砖瓦房已经没有了踪影，拔地而起的是一栋栋整齐漂亮的楼房，还有小别墅。以前那坑坑洼洼、坎坷不平的土路不见了，取而代之的是一条平坦的柏油路，路两旁种满了花草树木，特别漂亮；我每天都有丰盛的饭菜吃，每天都像过年一样……

走进我家，刷得雪白雪白的墙壁、崭新的家具、先进的现代化家用设备、美丽的鲜花……简直可以和五星级宾馆媲美；我们的房子很大，足有 196 平方米，我还有了自己独立的房间呢。我们一家 4 口人生活在这么宽敞的房间里，心里都是敞亮的！

对了，我还要告诉您，延庆的新农村这么美，我们延庆城区更美了！现在，延庆正在举办 2019 年世园会，2022 年还要承办冬奥会。借助这些国际性大会，人们的生活环境有了很大改善，生活水平有了很大提高。作为延庆孩子，我真要为家乡点个赞呢！

亲爱的祖国妈妈，听了我的介绍，您是不是觉得我的家乡变化很大、我是一个幸福的延庆娃呢？其实，我知道，我今天这样幸福的生活都是您带来的，是您的繁荣富强，让我们的日子越来越好，我骄傲我是中国娃，我自豪我是中国娃！我爱您，祖国妈妈，我要给您点一个大大的赞！

亲爱的祖国妈妈，今年是您 70 岁生日了。作为小学生，我一定会珍惜今天的幸福生活，时刻牢记我们学校每天升国旗仪式上学生宣誓的誓词中说的：我是二道河小学人，"反求诸己，知类通达"；我是中国人，我热爱自己的祖国，天地苍苍，乾坤茫茫，中华少年，顶天立地当自强。努力学习，将来长大后把您建设得更加美丽富强！

最后，祝您生日快乐、繁荣昌盛、欣欣向荣！

（辅导教师：闫富利）

腾飞吧，祖国！

北京市通州区临河里小学五（4）班　张惊涵

世界上有一个美丽的国度，它的名字叫中国。五千年的历史，铸就了她的大好河山、她的博大精深、她的盛世繁华……

中国大地上有无数震撼人心的美景：古朴典雅的丽江古城、自然纯净的九寨沟、山清水秀的桂林山水、雄伟壮观的布达拉宫、起伏连绵的长城……

中国的文化博大精深：唐诗、宋词、元曲、明清小说……中国人，望着天上的月亮，能吟出"星月皎洁，明河在天"；来到江边，看到那滚滚江水便诵道"江山如画，一时多少豪杰"……

中国如此美丽，更是因为在这片土地上，生活着美丽、可爱的人民。他们勤劳、善良、团结！正是他们，用辛勤的汗水，创造了中国今天的辉煌！

我的奶奶告诉我，20世纪50年代他们住在茅草屋里，老师用石笔在石板上写字，晚上她在昏暗的油灯下写作业；我的爸爸告诉

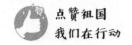

我，20世纪70年代他们住在平房里，老师用粉笔在黑板上写字，晚上他在昏黄的灯光下写作业；今天的我们，在宽敞明亮的教学楼里通过先进的多媒体设备学习，晚上在护眼灯下写作业。70年的时间，我的祖国在中国共产党的领导下，通过全国人民的努力奋斗，从过去的贫穷落后走向了如今的繁荣富强！

1978年，党的十一届三中全会吹响了中国改革开放的号角！从此，中华大地发生了翻天覆地的变化！我的老家在吉林省一个叫柳河的小县城。爸爸告诉我，爷爷奶奶年轻的时候去趟县城的集市都需要奔波几个钟头，去北京？那更是想都不敢想的事情。当初，爸爸来北京的时候，还是坐汽车、火车辗转将近20个小时才到的。高铁开通后，从北京到吉林长春，只需要4个半小时。在高铁上，我吃吃零食，赏赏美景，累了就闭眼睡一觉，再一睁眼，家乡就在眼前了。40年的时间，我的家乡从一个默默无闻、一贫如洗的破旧村庄，成为全国最美的县城之一；40年的时间，中国的经济和文化发生了巨大的变化，中国特色社会主义进入了新时代，中国改革开放踏上了新征程。

腾飞吧，祖国！五千年的辉煌，将会延续！作为一个热爱祖国的中国人，我会努力学习。相信在我们一代代人的努力下，我们的祖国会更加美丽、更加富饶、更加昌盛！

腾飞吧，祖国！

（辅导教师：赵静宜）

— 优胜奖 —

美丽中国　我们的国

北京市延庆区体育运动学校　于子锐

从白雪皑皑的北国到鲜花盛开的江南水乡，从黄沙漫天的茫茫戈壁到浩瀚无边的湛蓝海洋，从日新月异的繁华都市到绿水青山的美丽乡村……中国，这个世界上美丽的国度，是我们的国！

最近，在我的家乡延庆，让世界为之瞩目的北京世界园艺博览会（以下简称"世园会"）开幕了！这次 A1 级的世界盛会在中国举办，是世界对中国生态环境的肯定，是我们每一个中国人的骄傲与自豪。

这次世园会的主题是"绿色生活　美丽家园"。世园会将向世界展示我国践行的"绿水青山就是金山银山"的生态文明建设理念，以及我国生态文明建设取得的可喜成果，让中国成为"世界园艺新境界，生态文明新典范"。

当我从电视上看到延庆第二小学 140 名世园小使者和习近平总

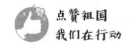

书记以及各国领导人一起植树时，激动不已，仿佛自己也来到世园会，亲手种下一棵棵小树。世园会里面的一草一木、一石一花、亭台楼阁、各大场馆以及各种配套设施凝聚了成千上万建设者们的辛勤汗水。我要为祖国的建设者们点赞！

我们走进世园会，仿佛来到了花的海洋、树的王国。在这里，我们可以将全国各省、直辖市以及世界上其他一些国家的园艺景观尽收眼底，真是造型各异、五颜六色，美不胜收！我不禁要为祖国美丽的生态环境点赞！

在世园会开幕前后，延庆的每名中小学生和大人们一样都在忙碌着：处处可见世园会的宣传者和志愿者，大家处处注意爱护环境、保护环境，从最初不乱扔垃圾、不踩踏草坪到自觉捡拾垃圾、植树种花……我们的校园、延庆的大街小巷都变得更加美丽整洁了；河水、湖面也变得清澈干净了……

习近平总书记强调，要把生态环境保护放在更加突出位置，像保护眼睛一样保护生态环境，像对待生命一样对待生态环境。为了让北京的天更蓝、山更绿、水更清，我们时时刻刻都要做生态环境的守护者，因为我们共同生活在这片蓝天下，爱护环境就是爱自己，爱家人，爱祖国！

中国，我们美丽的祖国！在您10多亿中华儿女的建设和保护下，您的山河将更加美丽，您的美丽将震惊世界！

（辅导教师：韩翠霞）

点赞，我的国

密云区第三小学四（2）班　郑　川

同学们，你可知道？我们的祖国就是地图上那个像一只金鸡的地方，就是那拥有长江、黄河、万里长城的国度。今年寒假我阅读了《我为祖国点赞》这本书，书中的内容让我为之骄傲，为之自豪，我要为我们的祖国点赞！

我的祖国啊，我为你辉煌灿烂的古代文明点赞，你长达五千年的历史震撼世界。书中那一幅幅图片、一段段文字叙说着良渚古城遗址、甲骨文、四书五经、唐诗宋词这些文化瑰宝的魅力。

今年回西安老家，我缠着爸妈带我去参观举世无双的秦始皇兵马俑。那一列列、一行行威武的秦俑，构成规模宏伟、气势磅礴的阵容，其中既有威严的将军俑、睿智的文官俑、强壮的武士俑，还有机敏的跪射俑。我仿佛看到了两千多年前的古战场，看到了那千军万马战犹酣的场景。在返回的路上，我不断回想着法国前总统希拉克参观兵马俑后说的话："世界上曾有七大奇迹，秦俑的发现，可以说是八大奇迹了。不看金字塔不算真正到过埃及，不看秦俑，不算真正到过中国。"

《我为祖国点赞》一书除了有文物古迹的照片，还有李白、杜甫等名人的画像。这一下子把我带回到了密云区诗词大会的比赛现

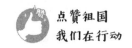
场，必答、抢答、飞花令等等比赛环节我一举拿下。2018 年 11 月，我和小伙伴组团代表密云区参加了北京市小学生诗词大会，经过初赛、复赛的激烈角逐，获得了一等奖，又一次扮演了传承中华文明的小小行动者。徜徉在唐诗宋词之中，我享受着诵读经典的惬意，收获着传承中华文明的喜悦。

我的国啊，我为你天蓝、地绿、水清的大美点赞。我的家乡密云区是首都重要饮用水源地和生态涵养区，先后获得"国际最佳休闲宜居名县""最美中国·生态旅游目的地城市"等称号。你可知道，我们区的每一条河都有"河长"，采取河长负责制，就说流经我们社区的那条河吧，河长是我们区的区长。"河长"们负责、尽责，成为大地的"血脉"——江河湖海的守护神。水绿了，天也变蓝了。我的姥姥家所在的高岭镇，2018 年实行了"农村煤改电"工程。这项工程力度大、惠民广，成为扮靓密云的工程。看！白天鹅飞回来了，绿头鸭在水里游弋，密云区大气质量为优的天数在全北京中稳居第一位。这正是大美中国的缩影，我为之骄傲！这正是绿色发展深入人心，绿色中国崭露头角。

我的祖国啊，我为你日新月异的变化点赞。改革开放 40 余年，你发生了翻天覆地的变化，科技创新让人们的未来生活变得更加美好。杂交水稻解决了人们的温饱问题；从"神舟"到"嫦娥"，实现了"九天揽月"的梦想；从"蛟龙"到超级挖泥船，实现了"可下五洋捉鳖"的目标。经济腾飞，让美好生活触手可及。飞驰的高铁方便了出行；高速的网络和便捷的支付方式改变了日常生活；精彩的演出和专业的展览丰富了人们的闲暇时光。军事科技的快速发展，让中华儿女昂首挺胸。航母、歼 -20 隐形战机、新型主战坦克，还有东风系列导弹，共同捍卫着祖国的领土。

我的祖国啊，愿我的点赞像片片花瓣，飞扬到你那里。今天，我在燕山脚下为你点赞；明天，我要在你的万里海疆上续写和创造你的辉煌。

（辅导教师：崔　浩）

我为祖国点赞

北京市昌平区马池口中心小学　于鑫蕾

从渗透着古老气息的甲骨文，到刚劲端庄的方块字；从令人骄傲的四大发明，到飞向宇宙的载人飞船；从源远流长的中华优秀传统文化到日新月异的社会主义先进文化……我们的祖国经历了沧海桑田的历史变迁，迎来了一次次华丽的蜕变，一步步走向繁荣富强。我要为伟大的祖国唱起颂歌，为伟大的祖国点赞！

我为祖国的壮丽山河点赞！祖国的大好河山吸引了许许多多的中外游客。黄河和长江是我们中华民族文明的摇篮，世界最高峰——珠穆朗玛峰让我们赞叹不已，万里长城曲折蜿蜒，杭州西湖秀色可餐，这一切都让人们流连忘返，如痴如醉。

我为祖国的佳作名篇点赞！沈石溪的《狼王梦》生动形象地写出了紫岚伟大的母爱，不禁让我留下感动的眼泪；林清玄的《柔软

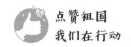
的时光》，让我知道了慧心柔软的人能随遇而安；一生以笔为戎的鲁迅写下的《朝花夕拾》，让我感受到先生对不公的旧社会的批判，这些佳作名篇彰显出中华文化的灿烂。

我为祖国的科学技术点赞！从小小的马车到纵横驰骋的高铁，从点点的油灯到四射的霓虹灯，从窄窄的竹筏到乘风的巨轮……世界首颗量子科学实验卫星"墨子号"的升空、超级计算机"神威·太湖之光"的研发、500 米口径球面射电望远镜"天眼"的启用、核聚变实验装置"人造太阳"的诞生，让我们的科技走在世界的前列。

我为祖国的英雄点赞！千百年来，中华大地涌现出无数英勇无畏的中华儿女：于谦抵抗北方游牧部落的进攻，保卫北京城，这是他一生最大的功绩。文天祥被俘不屈留下了"人生自古谁无死，留取丹心照汗青"的名句。刘胡兰年仅 15 岁，她面对敌人毫不畏惧，英勇就义。他们热爱祖国、视死如归的精神，让我由衷地钦佩。

在这里，我为祖国的辉煌点赞！从我出生到现在，11 年来，我们的祖国取得了一系列辉煌的成就，2008 年的北京奥运会、2010 年的上海世博会、2019 年的世园会都取得了圆满成功。祖国越来越强大，强大到让世人瞩目，强大到让我们自豪！

作为新时代的少年，我们要像习近平总书记说的那样：立志向、有梦想，爱学习、爱劳动、爱祖国。我们要做对祖国建设有用的人才，我们要弘扬中华民族的伟大创造精神、伟大奋斗精神、伟大团结精神、伟大梦想精神，让我们的祖国以更加昂扬的姿态屹立于世界的东方！

（辅导教师：李　静　齐伊静）

我为祖国点赞

北京市昌平区长陵学校五（1）班　姜妍汐

她，地大物博、风光秀美，孕育了瑰丽的传统文化。大漠收残阳，明月醉荷花，广袤大地上多少璀璨的文明还在熠熠闪烁。

她，人民勤劳，56 个民族团结和睦，精彩的东方神韵、风流的人文风貌，多少美丽动人的传说千古流传。

她，就是我敬爱的祖国，我可歌可赞的祖国——中国。

小时候，我是在姥姥家长大的。姥姥家有一个神秘的皮箱子，箱子里有 4 本相册、一台老式相机……那四本相册，记录着我们这个家庭里每一个人的成长过程，也见证了我家的变迁，更是见证了时代和祖国的发展。

相册里有一张妈妈小时候和兄弟姐妹的合影，就是用那台老式相机照下来的。今年，妈妈和她的兄弟姐妹用新出的单反相机拍了一张同样位置的合影，单反相机拍出的成品果然不一样。科技在进步，祖国在发展，我为祖国点赞。

相册里有几张我和家人在天安门的合影，我已经记不住拍摄的具体时间了。只记得，拍照时看见红墙外巡逻的军人叔叔们迈着整齐的步伐，英姿飒爽地从我身边走过。不管什么样的天气，解放军叔叔们都坚守在自己的岗位上，他们是天安门广场上一道亮丽的风

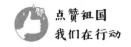

景线。解放军叔叔就是这样忠于职守，甘于奉献。我为祖国点赞！

相册里还有我小时候去环岛玩、裤子被磨破的照片，姥姥家离环岛很近，环岛里有4块很大很大的草坪。一到夏天，附近小区的大人、小孩都会到草坪上聊天、玩耍。草坪侧面有个大斜坡，当时也忘了谁出的主意，我和小伙伴就往下滑着玩，滑了一晚上，那叫一个开心。当妈妈再见到我时，看到我的裤子已经磨破了，妈妈觉得又可气又可笑，就给我拍了这张照片。而现在，草坪上种上了更多的绿植，远远望去郁郁葱葱，那里的环境更美了。我们伟大的祖国在用心爱护着她的每一寸土地，我为祖国点赞。

每一张照片都值得珍藏，每一张照片都是一个故事。我相信，当我慢慢长大，照片会越来越多，它见证着我和家人的幸福瞬间，也见证着伟大祖国的日新月异。幸福了，我的家！厉害了，我的祖国！我想大声告诉每一个人：我的祖国强大而富饶，我的祖国美丽而崇高，我的祖国温暖而光明。祖国，我亲爱的祖国，我为你点赞！

（辅导教师：郝红红）

我为平安中国点赞

北京市东交民巷小学五（3）班　石宇璨

平安，关乎我们每一个人、每一个家庭，是人们生活幸福安康的基本保障，也是一个国家屹立于世界的最基本要求。

大家知道谁是守护平安的人吗？当我们进入甜美梦乡时，又是谁星夜为我们巡逻保平安呢？他们的名字叫解放军、叫警察。

我的爸爸就是一名人民警察。一身帅气的警服、闪耀的警徽，再加上一米九的身高，让爸爸显得高大威武。有爸爸在我身边，我感觉特别安全，别的小伙伴也很是羡慕！但这种羡慕其实是因为人民警察这一称号带给大家的感觉就是平安和幸福。

假期里，小伙伴们都在爸爸、妈妈的陪伴下游览各地的风景名胜，或者一起看电影、上游乐场……可这看似再平常不过的生活，对于我来说都是一种奢侈的梦想。小时候，我总是不解，每年的除夕夜，别人家的孩子都有爸爸陪着一起放烟花、吃年夜饭，可我总是在大年初一的爆竹声中醒来，还看不到他的身影。而且爸爸还总是说话不算数，无数次答应带我去玩儿这个、去玩儿那个，在我心里画了好大的一个"饼"，结果我的美梦都会被他突然接到单位电话而丢下的一句："我得去加班，下次啊！"给打碎了。望着爸爸远去的背影，我的心里特别特别的难受，有一阵儿我都讨厌手机铃

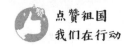

声了。

我沉默过、生气过也埋怨过，但每每看到爸爸回到家坐在沙发上像一摊泥，没等妈妈把茶端来，就已经熟睡的样子，我的心里就会很痛，有时还想哭，不知道是心疼爸爸，还是自己委屈。

有一次，我陪妈妈给爸爸送药，连带送上我们精心准备的加班爱心饭，没想到见到了不一样的爸爸：他在执行任务抓坏人时，衣服被玻璃门刮破，手上和腿上都划出了很多伤口，妈妈看了很是心疼，嘱咐爸爸一定要小心、注意安全。我拉着爸爸的手问他疼不疼，爸爸却笑着说："老爸是'钢铁侠'，不会有事的。"我在心底暗暗地说："爸爸，您就是我心中的'钢铁侠'。"

环顾爸爸的办公室，一面墙被锦旗占满，写着："百姓最信赖的人""公正执法 热心为民"……小黑板上贴满了各种表格、记录单、会议通知。妈妈和爸爸的谈话被不时响起的电话铃声一次次打断，我就更插不上话了。呆呆站在一旁的我，仿佛有些读懂爸爸了，渐渐明白了那句他常常挂在嘴边的话语——"只有大家都平安，我才能心安！"我也理解了警察这个职业的特殊与神圣。

平安中国、无悔担当！我想，正是因为有了无数位像爸爸一样舍小家为大家的叔叔、阿姨们，我们的社会才会和谐有序，人们才会安居乐业，中国才能成为世界最安全的国家之一，也是全球命案发生率最低的国家之一。

"平安中国"已成为今天的"中国名片"！我想大声地说："老爸，我为您感到骄傲和自豪！平安中国，我为您感到骄傲和自豪！"

（辅导教师：谢　红）

探秘燕房城铁　点赞中国科技

房山区阎村中心校四（1）班　杨晨希

南登碣石馆，遥望黄金台。

丘陵尽乔木，昭王安在哉？

霸图今已矣，驱马复归来。

这是唐代诗人陈子昂，有感于战国时期燕国的振兴，为燕国写下的点赞诗篇《燕昭王》。在古代被称为"燕山之野"的房山阎村，是我的家乡。

今天，习近平总书记倡导"人类命运共同体"，寻求人类共同利益和共同价值的新内涵。燕国旧地，百业俱兴。我要为我的家乡点赞，为家乡燕房线城铁的通行点赞。

在我的家乡——阎村，有一条燕房线城铁，距离我们学校不足500米。

"燕"是北京的燕山地区，"房"是指房山区。而燕房线，就是连接房山良乡、燕山地区和房山城关的一条轨道交通线路。

燕房线起自房山区阎村东站，向西跨过西六环后，经阎村镇、房山城关，西至燕山地区和周口店镇。线路全长20.5千米，全部为高架线，设12座车站和1座车辆基地（阎村北停车场）。主线（阎村东站—饶乐府站—燕山站）已于2017年12月开通，

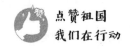
支线（阎村东站—饶乐府站—周口店镇站）预计将于 2019 年年底开通。

那这条线路的特色在哪里？为什么会如此出名呢？

燕房线是我国首条自主研发的全自动运行线路，是具有完全自主知识产权的中国第一条轨道交通全自动运行系统线路。燕房线的建成通车是我国城市轨道交通发展史上的又一个里程碑。6 年前，我国研发的列车运行控制系统打破了国外垄断，让地铁拥有了"中国脑"。

燕房线是真正的全自动运行系统线路，是按照目前世界上列车运行自动化等级的最高级别进行建设的。据了解，燕房线不仅仅实现了真正意义上的"无人驾驶"——无需人工介入，即可实现列车一系列自动操作，如发车、上下坡行驶、到站精准停车、开闭车门、洗车、休眠等。燕房线已经在整个线路的运营、维护方面实现了智能化。

燕房线的运行模式也代表着城市轨道交通发展的主方向。随着燕房线探索无人驾驶模式实现的可能性，未来全自动运行将成北京地铁"标配"。到"十三五"末，北京将形成地铁、轻轨、磁悬浮、新型有轨电车、城市区间有轨电车以及城市快轨系统、城市慢轨系统等多种多样的轨道交通出行方式和体系。

在一个阳光明媚的假日，我登上了燕房线城铁列车，在体验了它的方便快捷的同时，我的幸福感与自豪感油然而生。我要为燕房线城铁点赞，为强大的中国科技点赞。

少年智则国智，少年强则国强。作为一名小学生，我是祖国未来的建设者和捍卫者。我一定会树立远大的志向，学好知识，为实现中国梦而做好准备。相信未来的我也一定会成为被点赞中的一员……

（辅导教师：任国婷）

中国梦中的我

北京市燕山向阳小学四（3）班　何奕轩

我曾经做过许多的梦：甜蜜的梦，我会咯咯地笑出声来；着急的梦，我会蹬腿挥臂……但是，我却怎么也想不出国家会有梦，中华民族的梦想又是什么？走在街上，看到标语："实现中华民族伟大复兴是近代以来中华民族最伟大的梦想！"我真的搞不懂！

直到有一天，我认真阅读了《我为祖国点赞》这本书，我才一点点地明白了，中国梦是全中国人民的梦，我也是一个圆梦的人！

我很荣幸，自己是一名中国人，是一名炎黄子孙。我从书中了解了祖国古老的文明，比如，汉字记录着中华民族从蛮荒走向文明的进程。今年寒假，我和妈妈来到了位于河南安阳的中国文字博物馆，亲眼看到了那刻在一片片龟甲、兽骨上的文字，领略到了我们祖先的智慧。博物馆里那一件件几千年前的文物，静静地，却明白地告诉我：在人类文明的发展史上，我们的祖先曾领跑世界，推动历史的车轮滚滚向前！我想，写好汉字就是给祖国点赞！于是，春

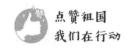
节前我到居委会给退休老人送春联，我要把温暖留在爷爷奶奶们的心里面！

我为中国的历史骄傲，更为今天中国的飞速发展兴奋不已。我知道"神九"飞天，我看到填海造岛，我感受到小区里的变化……

中国梦的缔造者不仅有智慧和才干，还总是敢于牺牲、乐于奉献。我发现科学家是中国梦的圆梦者，保卫祖国的解放军叔叔是圆梦者，爸爸妈妈和许许多多素不相识的中国人是圆梦者，就连我们小学生也是圆梦者呀！

于是，每到节假日，我和同学们都会积极参加社区活动：做"小小图书管理员"，社区志愿者中的"环保小模范"。老师说，各行各业的建设者挥洒汗水，是实现伟大中国梦的中坚力量，他们是最可爱的人。我说，我们的肩膀虽很稚嫩，但也要挑起满满的正能量。在学校，我们尊敬师长、乐于助人，努力使自己学会宽容、懂得谦让，做文明有礼的中国人。有那么一天，我们长大了，接过前辈的重担，用智慧和担当让人民更幸福，国家更富强！

今天，我要点赞的不仅仅是我们可爱的祖国，更是为实现中国梦而不断努力的你和我！

（辅导教师：杨红军）

点赞"百草园" 争当美少年

北京市第二实验小学平谷分校五（3）班　张　钰

"不必说碧绿的菜畦，光滑的石井栏，高大的皂荚树，紫红的桑葚；也不必说鸣蝉在树叶里长吟，肥胖的黄蜂伏在菜花上，轻捷的叫天子（云雀）忽然从草间直窜向云霄里去了。单是周围的短短的泥墙根一带，就有无限趣味……"这是鲁迅先生笔下的"百草园"。我们的校园里也有一个"百草园"。看，16个大木箱排列成整齐的方阵，废旧轮胎围成十几块方田，这是校园里的"劳动实践基地"，是属于我们的"百草园"。学校把"百草园"分到各中队，让我们自己做主种植农作物并进行管理。从谷雨到芒种，从春耕到秋收，我们和百草园里的植物一起成长。在学校首届"百草园"师生收获节上，队员们不但品尝了自己种植的蔬果，还分享了自己的成长故事。一幅幅画面滚动播出，感动着每一个同学。

画面一："胆小妞"变成担当"美少年"

郭小研说："我平时胆子可小了，见个小飞虫都要惊呼半天。有一天，我发现我们组管理的圆白菜叶长了肉嘟嘟的大虫子。我是组长，想让别的组员去除虫，可他们也不敢，为了小组管理得分，

51

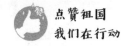
我鼓足勇气除掉了菜青虫。现在我的组员都特别佩服我。我们分工合作有担当，把'百草园'管理得特别好，学习上我们也互相促进。"

画面二："挑食鬼"变成"节约小达人"

李博宇的分享充满了真情实感："我原来特别挑食，经常倒掉很多不爱吃的饭菜。自从我参与了'百草园'的种菜、管理、收获，我发现一粒种子长成能吃的果实太不容易了，每个果实都饱含着同学们的汗水，我真正体会到：'谁知盘中餐，粒粒皆辛苦。'现在，我不但自己节约，还主动向更多人宣传节约妙招，大家都叫我'节约小达人'。"

画面三："课堂小迷糊"变成"科技小迷弟"

孟硕说："在很多课上，我表现得都很迷糊。在'百草园'学习种植的过程中，科学王老师给我们讲了二十四节气与农耕的知识。我觉得古人太厉害了，我现在正通过访问、调查、测地表温度等方法收集相关资料，想写一篇二十四节气地表温度与农耕的小论文，请大家为我点赞吧！"

我们的"百草园"只是祖国大花园里的一朵小花。从白雪皑皑的北国风光到花团锦簇的江南水乡，从黄沙漫漫的茫茫戈壁到浩瀚无边的湛蓝海洋，从日新月异的繁华都市到绿水青山的最美乡村……中国这片广袤土地上的美丽风景，让每一位中国人都感到骄傲和自豪。今天，我们用勤劳的双手管理小小的"百草园"；明天，我们用智慧把祖国大地建设得更加美丽！

（辅导教师：张海燕）

我骄傲，我是中国人

北京市丰台区东高地第一小学四（4）班　刘睿忱

"赞，赞，为你点赞！"当一次次点赞声传入你耳边时，你不必感到惊奇，那是我的点赞声，而点赞的对象呢？正是我们日益强大的祖国！

首先，我要为祖国的科技点赞。"天眼"——FAST 这个名字大家都听说过，那是目前世界上口径最大的单天线射电望远镜，她每时每刻都凝视着宇宙深处，寻找很多未解之谜的答案。"天眼"的主要负责人南仁东深入贵州大山中 14 年，为中国"天眼"的睁开付出了巨大的努力，实现了中国拥有世界一流水平望远镜的梦想，推动了经济发展和社会进步。我要从小学习他的爱国情怀和科学精神，长大为祖国作出自己的贡献。

"轰隆隆"，一阵飞机引擎的轰鸣声在耳际响起。不用怕，那是我国国产大飞机 C919 起飞的声音。瞧，它在试飞呢！要知道，世界上只有极少数国家才有大飞机！我们的祖国，让全世界震惊！

大家都知道"新四大发明"吧——高铁、共享单车、网购、手

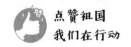

机支付。今天，咱们就来聊一聊这第一大发明——高铁。举世闻名的"复兴号"，它的威力可真不小。"复兴号"隔音好、服务好，行驶也快，还特别稳。把硬币在"复兴号"上立起来，很长时间不会倒。连许多外国友人都大老远跑来坐一坐"复兴号"，感受感受。现在我们的高铁订单也越来越多了，您说，这难道不是令人愉悦的事儿吗？

我还要为祖国的大好河山和名胜古迹点赞。祖国母亲风景秀丽，有着众多的名胜古迹：杭州的西湖、北京的故宫、桂林的山水，还有台湾的日月潭……去年，我去了杭州，到了西湖。从古至今，有多少诗人用优美的语言赞美过她；有多少古诗词曲描绘过她。"欲把西湖比西子，淡妆浓抹总相宜。"这首诗中，苏轼把西湖比作了中国古代四大美女之一——西施，充分表现了西湖的景色之秀美，令人憧憬。

妈妈说，我们要学会爱国。走在路上，手中的垃圾不乱丢，把它放进垃圾桶里就是爱国；爱护身边的环境，爱护花草，就是爱国；过马路走人行横道这也是爱国。爱国不是喊口号，从小事上尽到自己作为公民的职责，这就是最简单的爱国。

哦，我懂了！各司其职，尽好自己的义务；从小事做起，爱护生活环境；心存善念，关爱他人……做好这些，就是在为祖国发展出力，就是爱国的体现。

当我们从电视屏幕上看到我国选手夺得世界冠军、五星红旗冉冉升起在运动场上的时候，当我们从广播中听到我国的运载火箭、通信卫星飞上蓝天、奔向宇宙的时候，当我们从报纸上了解到社会建设突飞猛进、改革开放取得巨大成就的时候，我们怎能不热血沸腾、心潮澎湃？又怎能不从心底感到作为一个中国人的骄傲？匈牙利爱国诗人裴多菲说过："纵使世界给我珍宝和荣誉，我也不愿离开我的祖国。"

带着满满的自豪感，我不禁在心底呐喊：祖国，我也要为你贡献力量！正所谓"少年强则国强，少年富则国富"，我们都是祖国的未来，就应好好学习，为建设祖国出力。祖国，我会加油表现，等你为我点赞！

（辅导教师：陈雪飞）

赞！中国体育——读《我为祖国点赞》有感

密云区南菜园小学四（1）班　杨天戈

我出生于 2008 年。2008 年，北京举办了第 29 届奥运会，中国取得了 51 枚金牌、100 枚奖牌的优异成绩，名列金牌榜首位。我要点赞北京！点赞中国体育！

我国第一次参加奥运会是在 1932 年。那一年，4 亿多人的泱泱大国就只有 1 名运动员参赛。1936 年的柏林奥运会，中国申报了近 30 个参赛项目，派出了 69 人的代表团。然而除 1 人进入复赛外，其他人在初赛就被淘汰，最终全军覆没。当时，新加坡报刊发表了一幅漫画讽刺中国人，题为"东亚病夫"，这个耻辱的称号伴

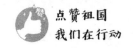

随了我们半个世纪。

中华人民共和国成立后，我们第一次参加奥运会是在 1984 年的洛杉矶奥运会。就是在这一届奥运会上，许海峰实现了中国奥运金牌"零的突破"。20 世纪 80 年代，中国女排在奥运会、世界杯、世锦赛上夺得"五连冠"。"顽强战斗、勇敢拼搏"是女排精神的核心，全国上下掀起学习"女排精神"的热潮。随后，我们的体育事业蓬勃发展，体育健儿摘金夺银。乒乓球队、跳水"梦之队"、羽毛球队、体操队、射击队、举重队佳绩频传。"东亚病夫"的帽子早就被丢到太平洋最深处。

每年春季，学校都会开展体育节活动，这可是我们最最期盼的。我们学校的运动会和大多数运动会不大一样。我们的运动会是全员参与，每名学生至少参加一个项目，人人都是运动员！比赛项目也特别有意思，沙包掷准、蚂蚁搬豆、毛毛虫、旋风跑……这些名字您是不是听都没听过？没关系，明年的 4 月底，我邀请您来我们南小参加全员运动会吧！今年是我们学校第三届全员运动会了，我算是一位参赛经验丰富的老运动员了。参加运动会的时候，还发生了关于"鞋"的有趣故事呢！我和同学参加"毛毛虫"爬行比赛的时候，我的鞋竟然不争气地掉了，把鞋捡起来、再穿上，多浪费时间啊！我干脆穿着袜子继续爬，只是往回跑的时候脚不大舒服。没关系，激战正酣，怎有工夫捡鞋？最终我们获得了第二名。虽然没得第一，可同学一直夸我坚强勇敢，奶奶说我有"女排精神"。不仅是我，我们南小学子秉承着"文武双修、德才兼备"的精神，磨炼意志、苦练本领，不管做什么，都努力使自己做得越来越好。

咱们少年强，祖国就会更强！ 2022 年，咱们北京又将举办第 24 届冬季奥运会。让我们一起锻炼身体、学好本领，让全世界为中国点赞！

（辅导教师：胡小娜）

2019

"新时代好少年　我为祖国点赞"
主题教育读书活动

中学组

— 特等奖 —

中国，爸爸的第二故乡

北京市文汇中学初一（5）班　玛利亚穆

老师们，同学们：

大家好！

我是北京市文汇中学初一年级学生玛利亚穆，我今天演讲的题目是"中国，爸爸的第二故乡"。

"1979 年，那是一个春天，有一位老人在中国的南海边画了一个圈……"

我虽然未能亲眼见证邓爷爷画下那个圈，但是却从爸爸的口中感受到了 1979 年的那个春天，感受到了 40 年来改革开放带来的变化。我的爸爸是埃及人，是一名新闻工作者，也是改革开放的受益者。17 年前，他选择来到中国，如今中国已经成为爸爸的第二个故乡。

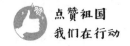

家的感觉

我常问爸爸："是什么让您选择留在中国呢?"爸爸这样回答我："是你妈妈,当然还有变化的中国。"他说,他刚来到中国的时候,会说英语的中国人很少,交流并不方便。但是现在,越来越多的中国人能够说一口流利的英文,越来越多的外国朋友也开始学习汉语,就像歌中唱到的"全世界都在说中国话,孔夫子的话越来越国际化"。越来越多的中国人"走出去",越来越多的外国人"走进来"。很多外国朋友选择到中国投资、交流与学习。一个地方有了友谊就有了家的感觉。

家的味道

爸爸告诉我,他刚到中国的时候,十分想念家乡的奶酪,起初只能托朋友从埃及带过来,还会担心因为没有冷藏而变质。可现在在互联网上就有很多进口食品的专卖店,外国餐厅也更多了。家乡的食物让这里开始有了家的味道。"在这里我遇到了你的妈妈。你的姥姥、姥爷对我的态度,让我感受到了中国人对外国人和外来文化日渐开放的包容态度。可以说,是日渐开放的中国,造就了我们这个家。"

家的深情

爸爸是一名记者,他经常会去外地进行采访。爸爸去过中国的很多城市。一说起中国的经济变化，他就会滔滔不绝。他告诉我，刚到中国去西安采访，从北京到西安要坐一晚的火车，而现在从北京坐高铁到西安只需要 5 个小时。爸爸在工作中始终感受着改革开放带给中国的变化。

每年的"两会"、2016 中国杭州 G20 峰会、"一带一路"国际合作高峰论坛和此次的中国国际进口博览会上，都会有爸爸忙碌的身影。爸爸正是通过他自己的采访和翻译，向阿拉伯世界讲述了中国的故事，介绍了中国，搭建起了中国和阿拉伯世界沟通的桥梁。

家的鼓励

最让爸爸自豪的是，他得到了中国政府发给他的"友谊奖"，这是我国政府为表彰在中国现代化建设和改革开放事业中作出突出贡献的外国专家设立的最高奖项。爸爸觉得这个奖项一直在鼓舞他，让他坚定了在中国发展并为中外交流事业而不断努力奋斗。今后，他会更加努力，将自己的工作做得更好，增进中国和阿拉伯国家的友谊。

我深深地为爸爸感到骄傲。通过爸爸的工作，我了解到了许多关于中国的经济社会发展的故事。我也渐渐地喜欢上了记者这一职业，也希望将来通过自己的工作为别人带去新鲜、真实和鼓舞人心的故事。

如今的这一切在 40 年前看来是一个神话，是一个遥不可及的梦。我们深深感受着，也默默珍惜着……

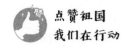

作为"00后",我们沐浴着改革开放的阳光幸福成长,爸爸常对我说:"女儿啊,你很幸福,你生活在最好的时代。"是的,我们这一代享受着改革开放带来的丰硕成果。但是"00后"的我们并不是娇纵的一代,我们更应该怀抱远大志向,勤奋刻苦学习。我以后也要成为一名新闻工作者,和爸爸一起为中国的新闻事业作贡献!我相信,在我们一代又一代的努力下,中国一定会变得更加美好!我为我的祖国点赞!

（辅导教师：赵玉娟）

薪火相传　佑我中华

北京市延庆区第一中学高一（10）班　殷月阳

2015年9月3日,在纪念中国人民抗日战争暨世界反法西斯战争胜利70周年阅兵式的观礼台上,有一位老人目光坚毅,热泪盈眶,他是一位亲历过解放战争和抗美援朝战争,荣获一次二等功、两次三等功的老兵!他就是我的姥爷——今年88岁高龄的岳留尚。

姥爷是16岁参军的,也就是我们现在的年龄。当我们在和平安宁的环境中读书学习的时候,姥爷那一代人正迎着枪林弹雨走在荆棘路上。1946年,在大伊山剿匪时,他带的一个尖兵排阻击敌人一个营的进攻,使得百余名伤病员安全转移。同年的涟水大战中，姥爷左腿中弹，负伤倒在河泊中，仰面向上，鼻孔露出水面，水草遮挡脸面，才得以幸存下来。那个时候枪伤怎么治？姥爷告诉我只有一种药，那个药叫盐，治枪伤就是把盐撒在伤口上消毒之后，等它自行痊愈。至今，姥爷的腿仍然活动不便，落下了终身残疾。而他所在的连在那场战斗之后只剩 3 人……

2019 年 4 月 28 日，学校组织我们到清华大学参加该校 108 周年校庆活动。在校园参观过程中，我有幸同一位叙利亚交流生进行交流。他跟我说："我很羡慕你，我的国家常年在内战。虽然今天我们都生活在北京，但是我们各自还有一个身份——我的身份叫叙利亚难民，而你的身份叫中国国民。"

每次聆听姥爷讲他的那些出生入死的故事，每次回想起和叙利亚学生的对话，对我都是一次精神上的洗礼。缅怀英烈是一种纪念，坚定英雄的信念、坚持英雄的力量、坚守英雄的情怀，才是一种传承！为祖国点赞是一种姿态，为祖国奋斗才是正道！

实现 2035 年、2050 年的宏伟蓝图不亚于一场持久的征程，今天我们还是文弱书生，明天要成为新时代冲锋陷阵的战士！今年，我 16 周岁，2035 年我三十而立，报效祖国正当年！

习近平总书记在纪念五四运动 100 周年大会上的讲话中指出："五四运动以来的 100 年，是中国青年一代又一代接续奋斗、凯歌前行的 100 年……100 年来，中国青年满怀对祖国和人民的赤子之心，积极投身党领导的革命、建设、改革伟大事业，为人民战斗、为祖国献身、为幸福生活奋斗，把最美好的青春献给祖国和人民，谱写了一曲又一曲壮丽的青春之歌。"

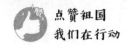
薪尽火传，方能佑我中华！作为老兵的后代，作为革命先辈的继承者，作为新时代青年，我们唯有"胸中怀有祖国、肩膀扛起责任、手里握有本领"才能不负英雄之后之名，才能担当起民族复兴之伟业！

我坚信，有你、有我，中国强！

（辅导教师：胡修艳）

—— 一等奖 ——

点赞中国　我们在行动

北京市昌平职业学校学前贯通 201703 班　　杨婉婷

首先，我想问大家一个问题，你们喜欢看电影吗？

那你们知道，2017 年，中国有一部电影，票房高达 56.79 亿元吗？请大家大声地告诉我，影片的名字是什么？

对，就是《战狼 2》！

"犯我中华者，虽远必诛！"这一句经典台词，引起了无数中华儿女的共鸣，让人心潮澎湃、热血沸腾！

我们都知道，《战狼 2》是根据真实的也门撤侨事件改编，而这样的撤侨壮举，在中国已不罕见。海地地震、利比亚战争、巴厘岛火山爆发……只要人民处于危难时刻，国家都会挺身而出。"有一种速度叫作中国救援，有一种小本子叫作中国护照。""中华人民共和国公民，当你在海外遭遇危险，不要放弃。请记住：在你身

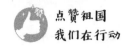

后，有一个强大的祖国。"听到这样的话语，作为一个中国人，又怎能不为祖国的担当精神而感到自豪呢？

老师们、同学们，请看这些数据，您知道它们的含义吗？

37260 人，这是我国每天的脱贫人数，也是中国共产党带领人民奔小康的决心；

160 亿元，这是国家每年为农村学生提供营养膳食补助的拨款额，也是国家对贫困学生的关爱；

1198 次，这是 10 年来中国海军在亚丁湾、索马里海域完成护航任务的次数，也是强大的中国海军对中外船只安全航行的保障；

160 多个，这是已经与中国签署共建"一带一路"合作文件的国家和国际组织的数量，也是中国为增进各国民生福祉作出的新贡献。

一个个数字，展示的是强大的国家力量！听到这里，您是不是也和我一样，内心早已被中国的担当深深震撼了呢？我们不由得赞叹："厉害了，我的国！"

作为中职生，我们热爱自己的祖国，但我也深知，我们要从自身做起，用实际行动为祖国点赞。我们积极参加社会实践活动，在奥运会、全国"两会"、世园会等大型活动中勇敢参与、历练担当；我们勤学知识、苦练技能，在各类大赛中施展才华、竞展风采；我们积极投入到服务区域经济社会发展中去，开发"春饼宴"、研发蝴蝶兰、研制苹果酒，在精益求精、执着追求中更加深刻地理解了工匠精神；我们积极响应"大众创业，万众创新"的号召，参加创新创业大赛，成立创业工作室，创办小微企业，在创新创造中增长才干，开辟新天地！

老师们、同学们，2019 年 10 月 1 日是新中国成立 70 周年。中国已经从一个积贫积弱的国家，一跃成为当今世界第二大经济体；中国海军、空军历经 70 年锤炼，正以更强大的实力守卫着祖国的碧海蓝天；从亚欧大陆到非洲、美洲、大洋洲，中国与世界各国人民共建"一带一路"，构建人类命运共同体，这无处不体现出大国的担当精神！

老师们、同学们，就让我们伸出大拇指，一起为祖国点赞吧！

（辅导教师：冯爱丽　蒙宝霞）

祖国带给我的安全感

北京市平谷区职业学校　刘　畅

"有一种安全感叫我的背后有一个强大的祖国。"我想每一个看过《战狼 2》的人都会对这句话刻骨铭心，都会为那面从战火中飘扬而过的五星红旗感到骄傲和自豪。

作为一名根生土长的中国人，作为一名"00 后"的中职生，很幸运我没有经历过战争，没有经历过那些惊天动地的大场面，但是祖国带给我的安全感却没有丝毫的减少。今天我就要在这里跟大家分享我自己的故事，说说祖国带给我的安全感。

那一天，是自主招生报名的日子。经过漫长的等待，终于轮到

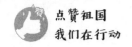

我了。当我把一沓子获奖证书交到招生老师手里时，我既高兴又担忧，高兴的是凭借这些证书我早已满足了免试入学的条件；而担忧的是那每学期 8000 多块钱的学费……"同学，你好，你已经满足我校免试入学的条件，恭喜你！""谢谢，谢谢老师！只是……我……我还想问一下，就是……那个……"招生老师见我吞吞吐吐的样子，和蔼地说："别紧张，有什么事你就说吧！""就是……那个学费，我能不能申请入学贷款……"我低着头，脸颊烧得厉害。

不觉间，我的脑海中浮现出三年前到中职校报到的场景。爷爷佝偻着腰，把老师拉到楼道的角落里，握住老师的手，紧张而又小心翼翼地说："老师……我是这孩子的爷爷……我想跟您说说这孩子的情况……"当爷爷用悲伤而又颤抖的声音道出我的身世时，我能做的只是把头埋得更深。是的，我是个不幸的孩子，我曾无数次地埋怨上天为何要如此待我！8 岁那年，父亲因车祸去世，母亲离家出走，祸不单行。

时间仿佛故意放慢了脚步，一秒、两秒……终于，我再次听到了老师温和的声音："同学，你的资料我又仔细看了一遍，放心吧，国家对咱高职院校的学生有很多的助学政策，只要你肯努力，不仅能申请入学贷款，就连国家助学金、国家奖学金、国家励志奖学金都不成问题，况且咱们学校还给家庭困难的学生提供了很多勤工俭学的机会！"听了老师的一番话，我悬了半天的心终于落到了肚子里，可是，嘴巴里却怎么也说不出一个字来，只能深深地向老师鞠了一躬。我知道，我的这个鞠躬不仅是对老师表示感谢，更是感谢带给了我希望的国家好政策！国家的教育惠民政策已经帮助我顺利走过了中职的三年，国家的教育惠民政策还将帮助我度过高职的三年。

如果说我是不幸的，但谁又能说我不是幸运的呢？幸运地成长在这样一个强大的国家，成长在这样一个在中国共产党的领导下人人有依靠的国家！

这就是祖国带给我的安全感，带给一个学子勇于追梦的安全感！

（辅导教师：王小菊）

我为家乡巨变点赞

北京师范大学良乡附属中学高一（8）班　李姝瑶

各位老师、同学们，大家上午好！我是 12 号选手李姝瑶，来自北师大良乡附中。今天我演讲的题目是《我为家乡巨变点赞》。

70 年，社会道路风雨兼程；70 年，国家建设突飞猛进；70 年，光辉岁月弹指一挥间；70 年，中华大地沧桑巨变。当岁月停留在 2019 年的今天时，我们迎来了祖国 70 华诞。70 年，对中国来讲，意味着改革开放，经济腾飞，国富民强。祖国，我为你点赞。

我的家乡就在房山区韩村河！如今每每说起这句话时，一种油然而生的自豪感便涌上心头。可谁曾想到，改革开放前的韩村河是如此的贫苦不堪！爷爷给我讲过这样一首民谣："臭水沟，烂泥塘，

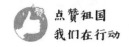

挖野菜的结成帮。几条鸿沟穿村过,墩台上面搭土窝,天灾人祸年年有,村破人穷常挨饿。"爷爷说,他最对不起的就是奶奶和爸爸,没给奶奶买过一件漂亮的衣服,也没给爸爸买过爱吃的橘子糖。爸爸唯一的零食就是地里的番薯。因为家里太穷了,没有钱买糖,所以爸爸常常眼睁睁地看着糖贩子推着一个破三轮,慢慢悠悠地走了。每次提到这些,爷爷混沌的双眼都会闪着泪花。然而,贫苦的日子并没有日复一日、年复一年地继续,我们的家——"寒心河"终于变了天。

1949 年,中华人民共和国成立了!饱经沧桑与苦难的中国人民终于重新站起来了! 1978 年,党的十一届三中全会,党领导人民对内改革,对外开放,开启了改革开放的新纪元。在中国共产党的领导下,亿万人民艰苦创业。党的十一届三中全会的召开,犹如一声春雷,震撼了古老、贫穷的韩村河,鼓舞了田雄等有志青年,使他们看到了发展经济的希望。1978 年,在村党支部的支持下,他利用村里多泥瓦匠的优势,成立了韩村河建筑队。经过多年的艰苦奋斗,一个 30 多人的村级建筑队逐渐发展成为如今已拥有 22 个工程公司及多项产业、职工 3 万多人的国家资质一级大型多元化企业集团——北京韩建集团。北京市高级人民法院、中关村 CEC 大厦、中国电影博物馆等都是韩建集团建设的。我们村子更是了不得。到目前为止,全村已建成 11 个高标准的住宅小区、581 栋别墅楼。而我们家啊,就坐落于其中!每次放学回家,都会见到年迈的爷爷牵着奶奶的手,他们并肩而立,等我回家。那布满皱纹的脸上没有岁月的沧桑,有的只是置身于幸福的微笑。

如今，走在韩村河的街道上，仿佛置身于欧洲的某个小城镇。街道两旁的房子，全是一栋栋状如别墅的小楼。宽敞的街道、现代蔬菜大棚、花卉基地、星级饭店、村办大学、公园、医院等组成了中国新农村的新风貌。2000 亩良田全部实现了种植全过程机械化作业。我们韩村河也被评为了"京郊双文明第一村"，赢得了"乡村都市"之誉。过去贫穷落后的"寒心河"现已建设成为布局合理、公共设施齐全、家家住别墅楼、人人安居乐业的美丽和谐的新农村。我骄傲，我是韩建人！我自豪，我是成长在新农村旗帜下的当代中学生。

70 年的拼搏奋斗，70 年的春华秋实，我们的祖国一路风雨一路歌，印下了光辉的足迹；70 年的风雨无阻，70 年的沧桑巨变，我们的祖国必将继续书写不朽的传奇。

历史的车轮不断向前，留给我们一个个伟岸的身影，一个个辉煌的瞬间，更留下了一个未完待续的中国！

回首 70 年，这就是中国，一个不屈的国家！

回首 70 年，这就是中国，一个腾飞的国家！

中国，我为你点赞！

我们是五月的花海，用青春拥抱时代；我们是初升的太阳，用生命点燃未来。"五四"的火炬，唤起民族的觉醒；光辉的足迹，激励着我们继往开来。作为新时代的年轻人，我将砥砺前行，为祖国再创辉煌！

我的演讲到此结束，谢谢大家！

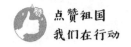

请接受这一份执着

北京市燕山星城中学初一（5）班　甄子杰

　　如果您是一位旅行者，是否有过冲破漫漫沙漠戈壁终见绿洲的惊喜？是否深感在绿树成荫的山谷里游玩十分惬意？你可知道有那么一块绿洲，是一位叫苏和的老爷爷和老伴带着牧民、十几年如一日亲手种下了3000亩梭梭林、植树治沙的成果；有那么一条绵延百里的绿化带是一位叫石光银的治沙英雄30多年在沙窝里拼搏出来的；有一座美丽的大亮山，是一位叫杨善洲的老干部退休后20多年义务植树、历尽艰辛换来的……《我为祖国点赞》这本书，让我看到了、知道了有那么一群人是那么地"执着"。

　　我向曾祖母、爷爷奶奶请教，我向爸爸妈妈提问，我努力揭开"执着"背后的秘密：

　　这是我的曾祖母，88岁啦，她是燕山石化的第一代建设者。这是我的爷爷奶奶，是燕山石化的第二代建设者。曾祖母说，50年前的燕山真是一片荒山，山路崎岖，没有路、没有电、没有自来水，没有一所像样的学校和厂房。现在的燕山是来自全国各地的建设者用双手，没日没夜地建起来的。她说："我们执着，是因为我们一定要建出咱北京地区第一个炼油厂——北京石化总厂，解决华北地区的用油问题。"爷爷奶奶说："我们是中华人民共和国的主人，把燕化办成技术一流、管理一流、竞争力最强的企业是我们的心愿。"他们用舍我其谁的主人翁精神战胜灾难困苦，投身于祖国建设，他们对党对祖国的眷恋无比深刻。我想，这份执着是祖国的召唤。

爸爸是燕山石化的第三代建设者，他工作在组建石化装置的岗位上。石化装置只能安装在人烟稀少的地方。知了长鸣的盛夏，汗珠沿着爸爸的安全帽滴落，浸湿了他的工作服；冰天雪地的腊月，他和工友们扛着油管行走在崎岖的路上，肩头落满雪花。我经常问爸爸："整天在偏远的山区与这些石化装置打交道累不累？"爸爸说，能看到一个个石化装置组装完成、顺利开工是最幸福的事。争创世界一流、赶超国际先进水平的理想是他们这代人执着的信念。我想这份执着，是信仰的见证。

这张照片是我参加首都少年先锋岗活动时留下的。抬头看着对面天安门广场上迎风飘扬的五星红旗，低头看着胸前飘动的红领巾，我对自己说："祖国建设的明天一定有我！美丽中国梦的建设者一定有我！"

假期，我来到残疾儿童活动中心，陪那里的孩子们做游戏，和他们一起吃饭、读书；周末参加社区活动，捡拾垃圾，进行垃圾分类，让我们生活的社区干净整洁。我的这份执着，是生命的选择，是爱的传承！

我从小就爱朗诵，梦想着长大后能成为一名出色的主持人。追求梦想的路是艰辛的。每个周末，我都要在妈妈的陪同下去市里学习朗诵，来回的路程要花费将近五个小时的时间，再加上繁重的学

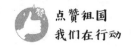

习压力，在最艰难的时候，我甚至想要放弃。可我一想到祖辈父辈们努力建设美丽祖国时，那拼搏的信念又鼓舞我一路前行。心中的梦想就像生命中一双无形的翅膀，带着我飞翔，让我不轻言放弃。多一分耕耘，就多一分收获。

今年我们的新中国将迎来70华诞，我想说："祖国我为你点赞，请接受我这份执着！"

（辅导教师：李阳君）

亲爱的祖国，我为你点赞

北京市通州区潞河中学内高班　玛依拉·吐尔逊江

寒假里，《我为祖国点赞》这本书带着墨香，来到校园，走进了我的生活。书中的那些故事，像胜利的呼唤，振奋着我的精神；像雄壮的交响曲，激起我心灵的共鸣。

我的家乡在新疆的阿图什，那里可是一个美丽富饶的地方，被誉为中国的"无花果之乡"。我家就有一个大大的果园。你看，晴朗的天空下，郁郁葱葱的无花果树向远处延伸，肥硕的果实在深绿色的叶片中闪烁，丰满的果皮包裹着甜美的果肉，令人垂涎欲滴。我永远都不会忘记这样一个情景：爷爷在丰收的果园里，高兴地捧起地上的泥土，慢慢靠近脸颊，闭上眼睛，深深地吸了一口气，像是在尽情享受花朵的芳香。当爷爷再睁开眼睛时，我看见了他眼里晶莹的泪花。他激动地对我说："孩子，你知道吗？就在你出生之前，这里还是炎热、干燥，经常遭受沙尘暴袭击的荒凉之地呢！要不是国家的帮助扶持，我们怎么能有这么好的果园，又怎么能摆脱贫困，富裕起来啊！"说完，他虔诚地把右手放在胸前，朝着北京的方向，深深地鞠了一个躬。是啊，要是没有国家的帮扶政策，哪里会有我家富足美满的今天？

去年，我考入了北京的内高班。在来北京的火车上，我想起了那位从新疆到北京看望毛主席的库尔班大叔，脑海中出现了这样一幅画面：一位疲惫的老人骑着一头瘦弱的毛驴，在戈壁荒漠中艰难前行。怒吼的风沙随时可能把他卷起，再狠狠地抛到沙漠中某个角落。而现在旅途上的情景又是怎样的呢？我看到了一列列崭新的火车在铁轨上奔驰，两边有壮丽的山川、碧绿的草原、神秘莫测的戈壁，还有丰收的农田、肥美的牛羊、宁静富饶的村庄、繁华美丽的城市，偶尔还会有一辆"和谐号"动车飞速驶过。车厢里明亮、干净、舒适，一切都那么令人心情舒畅。我想，要不是国家的"西部大开发"政策，我们新疆怎么会有这样天翻地覆的变化？

现在，我来北京学习快一年了，生活是那么丰富多彩。在美丽的潞河中学，我不仅学到了许多科学文化知识，还在社团活动中学会了演奏民族乐器都塔尔，经常参加民乐团的演出呢。在学校为我们安排的活动中，我登上了雄伟壮观的天安门城楼，参观了文物荟萃的故宫，游览了高楼林立的国贸，还到了秦皇岛，亲近了波澜壮阔的大海。这些对我来说是多么宝贵的第一次啊！要不是我们国家的内高班政策，我哪有机会来北京学习？要不是学校和老师的辛勤

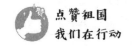
付出，哪里有我现在这样更快更好地成长？

这一切，都让我心存感恩之情。我为生活在这样的国家而感到幸运，我为祖国对新疆各族人民的关怀与支持充满感激，亲爱的祖国，亚克西！亲爱的祖国，我为你点赞！

今天，我们的祖国正迈着坚实的步伐，走向更加美好的未来。我一定不辜负祖国和家乡人民的期望，努力学习知识和本领，时刻准备着，为各民族的大团结，为实现中华民族伟大复兴的中国梦，贡献自己的一份力量！谢谢大家！

（辅导教师：鲍志军）

—— 二等奖 ——

我为祖国点赞——我骄傲，我是中国人

北京市密云区太师庄中学初二（1）班　冯秋蕾

我是一名普通的中学生，对祖国有着真挚的情感，这种情感朴素又懵懂。当我阅读了《我为祖国点赞》一书后，我懂得了中国军人为我们能够平安幸福地生活，作出牺牲和奉献；让我对国家从过去的任人宰割到现在的站起来、强起来，有了更深刻的了解。因此，我更加珍惜现在来之不易的生活，更加为中国军人感到自豪，更加为我们伟大的祖国感到骄傲。

如今，我国正在飞速发展，科学技术突飞猛进，人民生活水平稳步提高。这一切自然离不开那些为之付出鲜血与生命的人——他们就是中国人民解放军！他们用鲜血染红了国旗，用生命捍卫着人民的安全，用力量保护着国家的财产！

"你不必知道我是谁，我来自何方，又在何处安息。你只需要知道，我是中国军人，我为人民而战。中国军人永远和你在一起！"

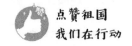

2008年5月12日的汶川地震，中国军队迅速反应、有效组织，一场世界范围内没有先例的大规模非战争军事行动，在灾区全面展开。十几万大军从全国各地几千公里的半径内迅速开赴灾区。人民子弟兵用自己的血肉之躯筑起生命通道：他们用双手扒开废墟乱石，用双肩扛起担架上一个个虚弱的生命，用双腿踏过一条条崎岖险阻的道路。当他们从死神手中救出一个个幸存者时，他们最温暖坚实的怀抱成了重生的摇篮。

其实，他们也有牵挂，家中的父母妻儿，是他们日夜的期盼。当秋寒月圆之时，他们是那样深切地思念着亲人，可是他们把爱献给了人民，一腔热血只为祖国流淌。多少战士，抛头颅洒热血，最终为国捐躯，带着对亲人的愧疚与思念，光荣地逝去。他们知道，祖国需要他们，亿万民众需要他们，所以无怨无悔，将生死置之度外。

作为新时代的中学生，新中国未来的接班人，我们承载了太多的期待，受到了太多的优待，享受了太多的关爱。因此，我们必须要努力学习知识和技能，让自己成为一个对国家和人民有用的人，为实现中华民族伟大复兴不懈奋斗。

作为新时代的中学生，每每想到我们的人民子弟兵，我都会竖起大拇指。我要为他们点赞，是他们用自己的血肉之躯筑起了国家和人民安全的坚实壁垒，是他们用自己的实际行动诠释了一腔热血报国家的铮铮誓言。他们召之即来，来之能战，战之必胜。我为中国军人骄傲，我为强大的祖国骄傲，我更为我是中国人而骄傲。

我骄傲，我是中国人！

（辅导教师：王　琳）

点赞！龙乡的绿水青山

房山区北洛中学初二（2）班　方禹琪

在北京的西南有一座苍翠秀美的山，叫龙骨山。举世闻名的周口店北京猿人遗址就坐落在这座山上。因此，房山有了"龙乡"的美名。我生在龙乡，长在龙乡，心中总想起一句自豪的话语："我骄傲，我是龙的传人！"

2018 年寒假，我读了《我为祖国点赞》一书，我想为文明的中国点赞，为美丽的北京点赞，但我更想为龙乡的绿水青山点赞。

我小时候和姥姥姥爷一起生活在素有"小西藏"之称的蒲洼，这里的天更蓝，这里的山更青。我喜欢这里四季的美景，更喜欢这里淳朴善良的村民。儿时的我，最喜欢的就是姥爷养的一群山羊，我总爱走在羊群中，摸摸这只，抱抱那只，他们就像我的小伙伴。羊是姥爷的命根子，姥爷起早贪黑地照顾着它们。

但是，我儿时的伙伴如今已不在了。为了保护大山，姥爷响应政府的号召，忍痛割爱卖掉了羊群，退牧还林。我时常看到姥爷望着羊群活动的山坡发呆，问姥爷："您这么爱那群羊，怎么舍得卖掉呢？"姥爷笑呵呵地说："羊是我发家致富的本钱，能不心疼吗？我舍弃了自己的羊，但保护了山上的原始森林。虽然经济上有点损失，但是政府还给了补贴，还有什么不知足的！"一瞬间，我的眼

睛湿润了。舍小家为大家，这就是山里人朴素的情怀。我想为姥爷点赞，为保护青山默默付出的山村人点赞！

如果说龙乡的山青了，奏响了人与自然和谐共生的主旋律，那么龙乡人民用勤劳的双手绘出的绿水蓝图，犹如一颗璀璨的明珠，镶嵌在我现在生活的地方、"北京之源"——琉璃河畔。

这里有见证历史文明的商周遗址，还有一座建于明朝嘉靖年间的古石桥，如今琉璃河湿地公园正在建设之中。听老师讲，该项目总投资额 21.75 亿元。于 2016 年 6 月正式进场施工，将琉璃河湿地作为龙乡建设生态协同示范区。我徜徉在建设中的琉璃河湿地公园，举目远眺，铺好的木栈桥弯弯曲曲，延伸到远方，满池的荷花竞相开放，宽阔的河道碧波荡漾。东边古老的石拱桥和西边现代的混凝土大桥像祖孙俩，共同见证着琉璃河的昨天和今天。站在古桥上，凭栏远眺，我情不自禁地吟诵起宋代诗人范成大的一首诗："烟林匆蒨带回塘，桥眼惊人失睡乡。健起褰帷揩病眼，琉璃河上看鸳鸯。"

看到龙乡的人民都在用勤劳的双手建设着家乡的绿水青山，我也想为家乡作出点贡献。2019 年的清明节，我和姥爷一起来到山坡上的梯田，挖好坑，种上小树苗，浇水。看着一棵棵的树苗，我仿佛看到了一个个战士为守卫青山绽放自己的绿色。

亲爱的朋友，听了我的介绍，您是不是想亲临龙乡，欣赏龙乡的美景呢？是的，龙乡早已告别煤窑石灰致富的历史，走上了保护生态环境、建设美丽家园的发展新路，透过龙乡的绿水青山，我仿佛看到了祖国锦绣河山的巨幅画卷。我要为龙乡的绿水青山点赞！

为建设龙乡的劳动者点赞！更要为腾飞的中国点赞！

（辅导教师：商希伟）

我为祖国点赞

怀柔区第五中学初一（5）班　常宏骏

从国旗第一次在天安门冉冉升起到现在，已经70年了。70年，足以让滴水穿石，潭积成海。在这70年间，我们伟大的祖国发生了日新月异的变化：

北斗卫星导航系统正式提供区域服务，嫦娥三号发射成功，长征四号乙发射成功，"神威·太湖之光"登上全国超级计算机500强榜首，我国发射世界首颗量子科学实验卫星"墨子号"，FAST射电望远镜落成并启用，我国自主研发的首款大型水路两栖飞机——昆龙AG600成功首飞……

我的老家也已今非昔比。我的老家怀北庄是一个小山村，若干年以前，它一贫如洗，甚至连一幢像样的房子都没有，全是老式破旧的泥瓦房。山沟里也净是干枯的树木和零乱的杂草，小溪从未流淌过清澈的溪水。夏天，骄阳似火，田地龟裂，水无疑成为最珍贵的资源，可那时，人们唯一的水流来源，那几口井早已捞不出几桶水。人们也只能闷在家里，忍受酷热，中暑的也不在少数。冬天，北风呼啸，寒冰刺骨，可谓天寒地冻。若是遇见大风天气，道路上

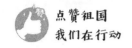
尘土飞扬，房顶被掀翻也不算惊奇。

自从改革开放以来，在怀柔区委、区政府及怀北镇政府的帮助下，我的老家怀北庄村再也不是一穷二白了，早已被建设成了现代化的新农村。家家户户搬进了高大整洁的新房，现代化科技也走进每家每户。人们也开始开发山沟，植树造林，进行河道治理。那曾经光秃秃的大山，如今已然满山绿植，鸟语花香，一派生机。河道开阔了，河底被清理后河水也清澈起来。泥泞土路变成了平坦沥青路，老旧泥瓦房变成了整洁的四合院。怀北庄村更是利用绿水青山、农产品丰富的特色，开办农家乐，搞起了旅游业，使怀北庄村的经济水平直线上升。

我的家乡发生了翻天覆地的变化，这源于祖国的繁荣富强和习近平总书记的正确领导。只有国家的强盛才能带动人民生活水平的不断提升。我的中国梦便是成为国家的栋梁。希望到 2025 年，在"一带一路"倡议的带动下，中国人均 GDP 指数达到 5 万美元，名列世界第一。

少年智则国智，少年富则国富，少年强则国强，少年独立则国独立，少年自由则国自由，少年进步则国进步。少年胜于欧洲，则国胜于欧洲，少年雄于地球，则国雄于地球。我们每个中华儿女的梦，汇聚在一起便是中国梦。愿我们每位同学不忘初心，志存高远，实现中国梦！为我们的祖国点赞！

（辅导教师：徐亚兰）

吟诵经典，为传统文化点赞

北京景山学校大兴实验学校七（1）班　郭佳凌

"慈母手中线，游子身上衣。临行密密缝，意恐迟迟归。"这是我最喜欢吟诵的诗篇，因为每当我吟诵《游子吟》的时候，我就会想起奶奶。我小时候是奶奶带大的，奶奶是语文老师，喜欢教我背古诗。从《三字经》到《弟子规》，从《诗经》《楚辞》到唐诗宋词，每当我背会一首古诗，奶奶就会从袋子里给我一颗糖果。

四年级，我又学习了吟诵。吟诵可以荡涤乖戾之气，养成君子之风。记得我第一次给奶奶吟诵的古诗就是孟郊的《游子吟》。奶奶听完眼中带泪地跟我说："孙女，吟诵比背诵更有韵味，你一定要好好学习吟诵啊。"我笑着点点头，竟丝毫没有留意奶奶声音的沙哑和精力的不济。

后来，奶奶住院了。虽然我又学习了新的诗篇，但却只能在病房里给奶奶表演了。再后来，奶奶住进了重症监护室，我给奶奶表演吟诵的次数也就越来越少。记得最后一次给奶奶吟诵的还是孟郊的《游子吟》，吟着吟着，我发现奶奶的眼角湿润了，我也不自觉地流下了眼泪。

现在，奶奶已经去世两年多了。她再也没有机会听那个被她一手带大的孙女为她表演吟诵了。现在，我每学一首新的吟诵诗篇都

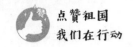
会在心里默默为奶奶吟诵。我要让她知道，她的孙女按照她的要求在认真地学习吟诵。

奶奶常常教育我无论学什么都要学以致用。2019 年是我们伟大祖国的 70 岁生日，学校要求各班策划一个以"我为祖国点赞"为主题的班级活动。作为班里的班长兼宣传委员，我和同学一起策划了一个爱国诗词吟诵会。从挑选诗词到确定人选，从练习吟诵到编排动作，从班内的精彩呈现到学校的完美展示，我们策划的爱国诗词吟诵会得到了全校师生的喜爱！后来学校 8 周年校庆，我们的吟诵表演《壮志家国情》还被搬上了少年宫的舞台。

记得那天少年宫的观众席上坐满了学生和家长，还有不少区里的领导，只是没了奶奶。伴随着激昂的音乐，我和同学们声情并茂地吟诵了王昌龄的《从军行》和岳飞的《满江红》。"黄沙百战穿金甲，不破楼兰终不还。""壮志饥餐胡虏肉，笑谈渴饮匈奴血。"如果奶奶还在，她一定能从中感受到唐代戍边将士保家卫国的决心，也能理解岳飞至死不渝的爱国之心。表演结束时，台下响起了雷鸣般的掌声。那掌声是在为我们点赞，也是在为吟诵，更是在为家国情怀点赞！

如今，耳畔总能响起奶奶的话："孙女，吟诵比背诵更有韵味，你一定要好好学习吟诵。"如果奶奶还活着，她一定会为她的孙女点赞。此刻，我多想让奶奶回到我的身边一起为吟诵点赞，为传统文化点赞，为我们伟大的祖国点赞。

（辅导教师：李燕娜）

我为祖国点赞——中国速度

北京市电气工程学校电子信息与技术 2017 级 3 班　刘京生

中华人民共和国成立 70 周年之际，中国共产党已带领着中国人民迈进了中国特色社会主义新时代。40 年前，中国开启了改革开放这场伟大的革命。从此，中国的面貌焕然一新。中国书写着世界上"最神奇的发展故事"，创造着令人惊奇的发展速度，推动着中国和世界共同发展与进步。

日月如梭，科技腾飞。中国架起了中国桥，铺建了中国路，驶动了中国车，搭建了中国网。而高铁使中国原有铁路脱胎换骨，"复兴号"高速列车以惊人的速度驶向了中华民族伟大复兴的新时代。

记得小时候，爸爸跟我说，从我老家湖北到北京，要坐 36 个小时的绿皮火车。只听那辆火车拉响刺耳的汽笛，喘着粗气缓缓开动，斑驳的绿色表皮上布满了红锈，仿佛在向我们诉说着它所经历的风霜与艰辛。那升起的灰白色浓烟，就像是一条长长的尾巴，而绿皮火车就像一个迟暮的老人，缓慢地行走在轨道上。

随着动车的提速，绿皮火车很快就成了远处的一个小黑点儿，并消失在我的视线里。直到 2017 年的那一天，一辆银白色的列车在阳光下熠熠生辉，纺锤形的车头、流线型的车厢，都显得美感十

足，那每小时 350 公里的速度让人觉得只是一个银色的影子在眼前一闪而过。在车厢里，立一枚一块钱的硬币，在动车每小时 350 公里的速度下硬币也没有倒下，着实让人叹为观止！

2018 年 4 月，牛津大学的贝尔斯教授来到中国做学术交流。在工作人员的带领下，贝尔斯教授乘坐了"复兴号"列车。列车从北京行驶到上海只需要 4 个小时。在车厢里，贝尔斯教授说道："我没有想到'复兴号'在如此高的车速下，车厢里非常地平稳，让我感到非常舒适，各项硬件设备都已达到国际标准。'复兴号'让我见证了中国速度，没想到中国在短短十几年的时间里，已经达到了如此高的技术。China speed very good！"

正如"复兴号"的名字一样，"复兴号"列车复兴着我们的中国梦。东方的雄狮已经醒来。每小时 350 公里的运行速度，让世界见证了中国速度，见证了我们祖国的强大。我相信在不久的将来，每小时 550 公里的运行速度也会实现。我要为中国速度点赞，更要为中国速度贡献自己的力量。

我的专业是电子信息技术，而在"复兴号"列车里有非常多的芯片和发动机都需要电子信息技术的支持。如何让"复兴号"车速每小时再提高 200 公里，这就需要更多更深更广的专业知识。在不久的将来，作为一名职业人，我会用自己学到的知识，来建设美丽的祖国。我也更加坚信，越来越多的优秀人才，将为祖国作出自己的贡献，我们伟大的祖国将更加繁荣富强、熠熠生辉。

正所谓"少年强，则国强。少年富，则国富。"我们都是祖国的未来，我们都应该好好学习，为祖国的繁荣富强添砖加瓦，为实现中华民族伟大复兴的中国梦不懈奋斗!

祖国啊,我亲爱的祖国,伟大的祖国,我为您点赞!

(辅导教师:王福连)

我为汉字文明点赞

北京市陈经纶中学分校初一(1)班 王滢波

出生在四大文明古国之一的中国,我深深为此而自豪。我们有神奇美丽、既表音又表意的汉字,还有博大精深、富有文化底蕴的汉字书法。

小学时,我对书法产生了兴趣。记得第一次去上书法课的时候,老师教我们写了一个隶书的"书"字。这是一个笔画很多的繁体字,可是能把一个这么复杂的字写得很漂亮,当时我特别有成就感。据说隶书更适合初学者练习,会使我们的手变得更加稳定。而每周都在练习写一种延续了两千多年的书法字体,我觉得自己在做一件很酷的事。

曾经有一项研究结果表明,一个人坚持做一件事一万小时,就会变成专家。我悄悄算了一笔账,按照我现在上课的频率,每周一节,只要再过128年,我就能变成书法家了。呵呵,好像有点遥远。好吧,爱书法不一定要成为书法家,但是坚持练习书法,让身边更多的人领会到汉字之美,这是一个书法的"粉丝"应该做到的。

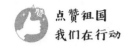
汉字之美，美在尚古但不泥古。千百年来，汉字经历了甲骨文、金文、大篆、小篆、隶草楷行、简化字的变迁，汉字的形态在传承经典的同时，一直没有停止过创新和发展。书法也是一样，虽然每个人都从临帖开始，但临帖的最终目的，是鼓励我们在模仿中摸索自己的风格，在传承经典的同时勇于创新。

汉字之美，美在含蓄而不平淡。虽然我们的汉字被称为方块字，但它们的形态千变万化，如山川之沉稳，如江河之灵动。体现在书法之中，既不咄咄逼人，也不畏首畏尾，圆润中蕴含锋芒，平衡中寻求突破。

汉字之美，美在同心同德、群策群力。汉字有笔画繁多者，也有笔画寥寥者。但在使用汉字的时候，我们却不能以笔画多寡论英雄，每一个字都应物尽其用，字字珠玑才是好文章。写书法更是如此，笔画多者要写得紧凑，笔画少者要写得饱满，无论简繁，没有败笔才是好作品。

汉字之美，美在含义丰富、便于理解。汉字是现在还存活的唯一一种既表音又表意的文字。汉字从古老的象形文字发展而来，现在有85%的汉字是形声字。除了形象美观之外，汉字的便于理解使得其至今仍充满了生命力。汉字与两河流域苏美尔人的楔形文字、古埃及的圣书字和玛雅文字并称为四大古文字。可如今，其余三种文字早已消失在历史的长河里，而现在还有大约15亿人仍在使用汉字。2018年11月，在我们学校组织初一年级到河南研学的时候，我有幸参观了世界文化遗产殷墟，看到了殷墟中出土的甲骨和上面刻的甲骨文。我发现今天我们在使用的汉字，与这种三千多年前的文字一脉相承，其中很大一部分依然非常相似。但是甲骨文只有五千多字，而今天的汉字估计已有 9 万字到 10 万字。这正说明了汉字惊人的生命力和发展速度。作为一个中国人，我为我的祖先创造出这样美丽而又有强大生命力的文字感到无比自豪。

汉字是中华文明王冠上的宝石，而书法把汉字之美变成了一种艺术，把这种美发挥到了极致。我们一定要学好我们的母语、写好汉字，让这种古老的文字在我们这一代人的手里变得更加美丽，让它随着我们的脚步走遍世界各地，让全世界都能了解汉字文明、感受汉字之美。这，就是我的理想。我为热爱书法自豪，更为汉字之美点赞。

（辅导教师：任　宁）

让我们为祖国点赞

北京市昌平区兴寿学校初二（3）班　赵一鸣

光阴似箭，岁月如梭。转眼间，我们的祖国母亲要庆祝自己 70 周岁的生日了。70 年前，伟大领袖毛主席在天安门城楼上庄严宣告："中华人民共和国中央人民政府今天成立了。"从此，中国人民站起来了。

从此，中国开始了一个从一无所有到繁荣富强的新时期。

1978 年，邓小平在乘坐日本新干线列车的时候不禁感叹："一

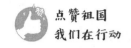

个字'快'。像是有人在推着我们跑,我们现在很需要跑。"如今,中国的高铁不仅用350公里以上的时速告诉世界,什么才叫真正的"中国制造""中国速度",而且中国的高速铁路网里程数也只用了十几年的时间就从前十名之外上升至世界第一。不仅如此,在无数中国人的不懈努力下,我们中国成功地制造出了拥有自主知识产权的尖端技术设备。就拿华为来说,几年来,华为生产的基站设备、移动终端、电子芯片既在技术含量上领先世界,又物美价廉、经久耐用,所以华为的产品受到了世界各国的欢迎。

1999年5月7日,美国轰炸机的炸弹击中中国驻南联盟大使馆,面对中国使馆人员的严重伤亡和我国政府的强烈谴责,美国只是给予了含糊其词的道歉和象征性的赔偿,这种无视我国人民感受的行为引起了全国人民的愤慨。如今,我们中国自己发起的"一带一路"倡议已经获得了国际上许多国家的支持和参与,中国正在用大国力量推动大国外交,在世界舞台上展现大国风范,担起大国责任。

在贵州省平塘县建设的FAST天文望远镜是我国历时22年建成的,是我国科研水平在无线电学、天文学、基础科学等方面取得巨大进步的集中体现。而在FAST一跃成名之前,又有谁知道有一个为此默默付出了毕生精力的时代楷模——FAST总工程师南仁东?

在研究FAST的22年间,南仁东为这个项目操碎了心。2016年,南仁东就查出了肺癌晚期,但他依然坚持带病工作,直至亲眼见证了自己为之付出了多年心血的成果建成,并成为世界上最大口径的射电望远镜。

像南仁东这样把自己的毕生心血都献给祖国的时代楷模还有很多。中国能够在改革开放的浪潮下越走越好、越走越快、越走越稳，不仅是因为中国特色社会主义道路是正确的，也是一个个时代楷模以中华民族特有的奋斗精神不懈奋斗的结果，是他们用自己的身体力行让中国实现了从站起来、富起来到强起来的伟大转变。

我们身为祖国未来的栋梁，只有从现在开始努力学习、不断奋进，才能在将来牢牢地接住前辈交给我们的接力棒，义无反顾地担起实现中华民族伟大复兴中国梦的重任。

70 年间的风云变幻，少不了一代又一代中国筑梦人的砥砺奋进。让我们向祖国的建设者——伟大的无名英雄们致敬！让我们为中国人的奋斗精神点赞，也让我们为祖国母亲的发展、富强和繁荣点赞！

（辅导教师：刘宜萱　崔立杰）

我和我的祖国

北京市延庆区第三中学初一（6）班　冯家玥

"我和我的祖国，一刻也不能分割，无论我走到哪里，都流出一首赞歌……"每当这首歌萦绕耳畔的时候，我都会想起《战狼 2》结尾处的一本中国护照，上面写着："中华人民共和国公民：当你在海

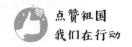

外遭遇危险，不要放弃！请记住，在你背后，有一个强大的祖国！"

是呀，中国护照的含金量不仅仅在于它能帮你免签去多少个国家和地区，更在于危急时刻来临时，祖国能带你回家！

2011年，利比亚局势动荡，战争一触即发。为保护在外侨胞，中国调动了182架次中国民航包机、5艘货轮，动用了4架军机，租用20余艘次外籍邮轮，把35860名中国公民从利比亚安全接回了家。这次撤侨，堪称中国政府最大规模的国家行动，仅仅是数字就足以惊人。

2015年年初，也门安全局势突然恶化，战火迅速蔓延。600多名中国公民受困也门。撤离，刻不容缓。习近平主席果断命令中国海军护航编队即刻前往撤侨！这是我国第一次动用军舰来执行撤侨的任务。9天内，629名被困同胞全部安全撤离。

2016年，新西兰南岛发生地震，中国领事馆第一时间启动了撤离计划，那一天，新西兰满天都是中国救援的飞机。手持中国护照的中国游客，在全世界人民羡慕的眼神下，第一时间离开了那座"孤城"。

2011年、2015年、2016年……还有更多更多。但每当我看到这些片段时，都会深受感动。在最无助的时候，有祖国为你挡风遮雨。在世界任何角落，我们都能挺起腰杆，把"我是中国人"写在脸上。作为一名中国人，我自豪，我骄傲，因为我们身后，是强大的祖国。

"中国强则少年强，中国强则中国少年强。"因为强大的国家能赋予一个少年强大的安全感。基于这种安全感，我们可以安心地读书，自由地选择生活的地点、职业、状态乃至是心情。我们可以轻装上阵去看这个世界，又可以理直气壮地回到自己的家园。

一百多年前，梁启超先生曾经说："今日之责任，不在他人，而全在我少年……少年强则国强。"是呀！少年勤学，青年担纲，我们要渐渐成为能让祖国变得更强大的那个人，到那个时候，我们才能自豪地回应梁启超先生的期盼，告诉他："少年强则国强，中国强则中国少年更强。中国强，就是因为——少年强！"

（辅导教师：张雪丽）

中国担当

北京市密云区第三中学初二（1）班　李若熙

从夏商周的古老文明到大唐盛世，中国展现了她五千年的智慧之广博；从鸦片战争的惨败到抗日战争的胜利，中国又展示了她无限的潜力；从新中国成立到现如今，中国向全世界证明了，——东方沉睡的雄狮觉醒了！祖国，我为你点赞！

中国的大国担当体现在中国共产党人身上。从五四运动起，中国共产党人经过 28 年的浴血奋战，党员们前赴后继，建立了新中国，继而带领中国大踏步赶上了世界的步伐。宣传马克思主义是先驱者们在中国大地上"破天荒"的历史开辟；遵义会议确立了以毛泽东同志为主要代表的马克思主义正确路线在中共中央的领导地

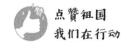
位……现如今，习近平总书记带领全国人民不懈奋斗，即将全面建成小康社会。党和政府一心一意为人民服务，让老百姓共享中国繁荣、时代繁荣！祖国，我为你点赞！

中国的大国担当也体现在全国人民身上。"以义为利，舍我其谁"，这就是中国人民外交的担当守则。2014 年，埃博拉病毒在非洲肆虐，极大地危害了非洲人民的生命安全。尽管世界卫生组织立刻作出反应，但仍旧阻挡不了埃博拉病毒的蔓延。正在这时，中国派出了援非医疗队。当医疗队初到非洲时，医生们被眼前的景象所震惊。一个瘦骨嶙峋的小女孩因感染埃博拉病毒、奄奄一息地卧在病榻上时，眼神中依旧流露着对生命的渴望，仿佛在说着："救救我，救救我！"在这个没有硝烟的战场上，医生们坚定了一个信念：无论是哪里的病人，都要把他们从死亡线上拉回来，把这个国家从死亡的威胁中救出来！日复一日地救援、没日没夜地治疗，不顾自己的生命安危接触病患，这是中国援非医疗队工作的常态。这就是大国担当！祖国，我为你点赞！

"红日初升，其道大光，河出伏流，一泻汪洋。"我们青少年，要努力理解大国的情怀。首先对自己负起责任，好好学习，胸怀家国天下。这是我们要做到的！祖国，我为你点赞！

"天地苍苍，乾坤茫茫，中华少年，顶天立地当自强。"我中华之铿锵儿女，必将不负使命。砥砺前行，加速奔跑，让全世界为祖国点赞。

（辅导教师：梁金贵　赵金花）

逐梦中国好声音

北京市顺义区仁和中学初一（9）班　　杨梦欣

最近，我在认真品读《我为祖国点赞》这本书后，心中总有一股澎湃的激情在不断涌动。仔细想想，这股激情在仰望五星红旗冉冉升起时，在聆听中国北斗导航系统覆盖全球的消息时，在观看纪念中国人民抗日战争暨世界反法西斯战争胜利 70 周年阅兵式直播时，甚至在感受乘坐高铁的惬意时，不都曾经涌动过吗？人们说这叫爱国之情。可是我知道自己还小，只有现在多长本事，将来才能好好报国。

说到这儿，我想还是从实现自己的一个小小的理想开始起步吧。这理想就是长大当一名主持人。大约因为从小我就口齿清晰吧，所以二年级时，我就成了学校红领巾广播站的小播音员。老师还经常让我在朗读课上给全班带读，有一次辅导员叫我给弟弟妹妹们讲少先队知识，我俨然成了小老师。一来二去，我这个学校的"名人"有点飘飘然了。

前进的道路果然并不平坦。三年级时，学校少先队组织大队会，推举我这个大队长首次担任主持人。虽然事先也做了准备，可因为从没在那么多人面前露过"脸"，所以一上台就感觉头脑缺氧，手脚冰凉，说话卡顿。有的演员忘词儿了，我也不知如何救场。幸

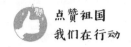

亏老师帮助解围，否则我这个主持就真的"砸锅"了。再后来，我有一次主持全校"诵读经典"大会，事先做了充分准备，连串联的诗句都自我感觉婉转动听。可专业指导老师说，光朗朗上口不行，还需要积淀文化底蕴，并建议我多体会视频上那些著名主持人的主持风格。

从此，我真的沉下心来，成了学生阅览室的常客，不断从优秀的传统经典中汲取知识营养；晚上则从电视上反复观看著名主持人做的节目，慢慢地我感悟到了董卿的稳重大方、周涛的端庄典雅、水均益的凛然正气、白岩松的机敏犀利。这些叔叔阿姨们的思想、人格、气质，都在不断浸润着我。对语言表达技巧我也高度重视，重音、停顿、语速、手势、表情等练习一丝不苟，连咽喉练肿了都停不下来。在家里呢，爸爸妈妈往往是我演练的第一观众。

蜂采百花酿甜蜜，腹有诗书气自华。经过几年的努力，我还真有了点小成绩，例如 2018 年全区古诗词朗诵大赛上，我做现场主持人兼集体领诵，最终我校摘得全区桂冠，当时大家抱着我欢呼的场景至今仍历历在目。2019 年又斩获区"蝶砚杯"主持人风采大赛一等奖。我还连续两年夺得全市"五好小公民"演讲比赛二等奖。我也因此获得了"市三好学生"称号和红领巾奖章。

（辅导教师：陈明英）

因为我对这土地，爱得深沉

北京市八中永定实验学校初一（1）班　郭炳炎

"为什么我的眼里常含泪水？因为我对这土地爱得深沉。"第一次听到艾青的这句诗，年幼的我并不理解他的一腔深情。只是看着头发花白的外公扶着镜框低声吟诵，反复地吟诵。看着外公专注的神情，我的情绪竟然不知不觉地被感染了……这也许是幼小的我对"家国情怀"的最初体验吧。

捧读《我为祖国点赞》这本书，更加深了我对祖国的认识，升华了我对祖国的情感。

祖国，顾名思义就是祖祖辈辈生活的土地、自己的国家。

在小学一年级的语文课本中，我与"祖国"相遇；在一次次五星红旗飘扬的升旗仪式上，我与"祖国"相知；在初中众多科目的学习中，我对"祖国"相许……作为初一学生，多面体般的七个科目，让我真正见识到了从未想过、从未了解过的"祖国"！

当我漫步于语文的天堂，我看到汉字的变幻组合，还有那长长短短的诗句，蕴含多少瑰丽与奥秘。同杜甫登泰山，我感受到"会当凌绝顶，一览众山小"的豪情壮志；随苏轼谪黄州，见识了"大江东去浪淘尽，千古风流人物"的豁达胸襟；见陆放翁梦沙场，感怀于"夜阑卧听风吹雨，铁马冰河入梦来"的报国之志。我为祖国

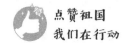

点赞，赞横竖撇捺间的汉字魅力，赞源远流长的中华文明。

当我徜徉在历史的时空中，我看到气势磅礴的历史卷轴徐徐展开，那星星点点的红色花火，已成燎原之势。近代以来，国难连连：鸦片战争、八国联军入侵、"九·一八事变"……中国这片纤弱的叶子被战争的炮火打得千疮百孔。而中国共产党和无数革命先烈给危亡中的祖国带来了希望与光明。我为祖国点赞，赞五星红旗的猎猎作响，赞"犯我中华者，虽远必诛"的铮铮誓言，赞一代又一代革命者、建设者的步履铿锵。

政治课上，我重温祖国的概念，惊叹于中国之眼闪烁出的科技之光，感叹于中国制造的辉煌，感动于"一带一路"倡议架起的世界桥梁；地理课上，我绘着祖国的轮廓，这才真正认识到 960 余万平方公里的总和意味着什么，那是丰富的物产和不竭的收获。

回望，我们的祖国在改变思维中凝聚共识，在前行摸索中激发斗志；抬眼，新时代的蓝图中，我们更应该感受到艰巨的任务与使命，为实现中国梦、青春梦而珍惜宝贵的年华。从端端正正写字开始，我们要端端正正地做人；从庄严肃穆的升旗仪式开始，我们要敬畏我们的祖国。

从懵懂无知到同学少年，我才仅仅翻开了祖国的扉页。再读祖国，我被她丰富的内涵而折服；再读祖国，我为她多彩的颜色而点赞。我愈加明白当年外公呢喃吟诵的诗句："为什么我的眼里常含泪水？因为我对这土地爱得深沉。"

（辅导教师：李　云）

我与环保奶奶的故事

北京市牛栏山一中实验学校初二（16）班　李泽君

读完学校下发的《我为祖国点赞》这本书，我被里面的内容深深地吸引了。我感受到中华文明的璀璨夺目，了解到中国人民在实现伟大中国梦过程中艰苦卓绝、波澜壮阔的奋斗历程，为我们强大的祖国感到骄傲和自豪！

我虽然是一名普普通通的中学生，但我更是一名自豪的志愿者，已坚持到公园、景点捡拾垃圾两年了。我的故事，还要从一次到长城的游玩说起。

在我上六年级的一个周末，爸妈带我去爬八达岭长城。在中途休息时，我遇到一位奶奶，一直在捡拾着游客乱扔的垃圾，全然不顾周围异样的眼神。这时，一位打扮时髦的女士把一个香蕉皮随手扔到了地上。我心想："这人怎么这样？乱扔垃圾！"奶奶看了那位女士一眼，默默地过去把香蕉皮捡了起来。我好奇地问妈妈："妈妈，那位奶奶是清洁工吧？"妈妈对我说："这里清洁工都穿着黄背心，估计这位奶奶是志愿者，正在志愿服务呢！"我对妈妈说："做志愿者能让这里变得更加干净！那我也当个志愿者吧！"说着，我也跟着奶奶一起捡拾起垃圾来。爸爸、妈妈看着这一幕，欣慰地笑了，也加入了我们的行列。那天，我累得满头大汗，但是看着干净

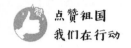

整洁的长城，心里觉得很快乐！我默默地下决心，今后也要像奶奶一样，做一名志愿者，让我们的环境变得更加美好！

2018年的一个周五下午，放学后，我照常背着书包，拿了两个袋子，要去河边捡拾垃圾。我的几个好朋友叫住了我，想让我跟她们一起去游乐场玩。我刚想拒绝，这时，莹莹对我说："你捡那些破垃圾有啥用？你傻呀！"我听了，心里特别难受。的确，每周放学，别人都快快乐乐地玩，自己却拿着袋子捡拾垃圾，真挺另类的。之后连续几天，我的情绪都非常低落。班主任马老师察觉到我的异样，把我叫进了办公室。得知事情原委后，马老师安慰了我几句，让我回到教室。第二天，马老师召开一个班会，给全班同学看了一段视频，视频中正是我那次见到的老奶奶。原来老奶奶叫贺玉凤，是延庆区张山营镇小河屯村人。为了保护延庆的青山绿水，贺奶奶在妫河沿岸捡拾垃圾，一捡就是21年。2017年，贺奶奶被评为"北京榜样"，她被人们亲切地称为"环保奶奶"。马老师对我们说："贺奶奶把环保当成她自己的一份责任，她的行为平凡而又伟大！在她的身上，体现了我们中国人民的担当精神！李泽君同学两年前受贺奶奶行为感召，也开始做一名环保志愿者，我希望大家向她学习。我提议，成立咱们班的环保志愿服务队！"班会结束后，我的好朋友莹莹向我道歉，并且也报名加入了我们班的志愿服务队。

现在，我们班环保志愿的队伍越来越壮大了，并且受到了学校的表扬和肯定。但我不会骄傲，因为我知道，在我们身边还有许多美丽中国的建设者："治沙英雄"石光银、"当代愚公"马永顺、"林业英雄"孙建博……他们是我学习的榜样！我要为他们点赞！为大美中国点赞！同学们，那就让我们携起手来，为建设美丽中国作出自己的贡献吧！谢谢大家！

（辅导教师：郭　健）

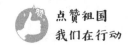

—— 优胜奖 ——

发展的中国，最美

北京市怀柔区杨宋中学初二（2）班　穆　笛

　　如果可以用简单的词语来形容中国的近代史的话，那么"压迫""战火""痛苦""泪水""离别""屈辱"这几个词无疑是最能反映这段历史特征的词语！可以说，近代的中国人民一直处在水深火热之中。我们都知道，在1840年第一次鸦片战争之后，我国开始沦为半殖民地半封建社会。同时，中国屈辱的近代史也由此开始。随后的第二次鸦片战争中，残暴的八国联军不仅抢掠、焚毁了举世闻名的圆明园，而且还逼迫中国签订了一系列不平等条约……当时，西方列强们就像贪婪的饿狼一样，紧紧地盯上了中国这个肥美、软弱的羔羊！落后就要挨打，国弱就会受到欺凌！但是，随着新中国的成立，我国以惊人的发展速度在各方面取得了令人骄傲的成绩。随着"两弹一星"的成功研制、神舟飞船飞天成功和GDP连年持续快速的增长，祖国发生了日新月异的变化，人民的生活变得幸福安康！亲爱的祖国母亲，我要为您点赞！

我的父母都只是高中毕业，没有上过大学。妈妈说，他们那代人没有像我们现在这样优越的条件。有的人即使被大学录取，也会因为要照顾年幼的弟弟妹妹或交不起学费而不能走进大学校园……为此，一些人留下了终身的遗憾。而现在的我们在接受完九年义务教育之后，大多都可以顺利升入高中，进而升入大学。即使有些家庭困难的学生，也可以申请到助学贷款或得到社会的帮助，从而顺利完成大学的学业。现在，本科生数量已是非常之多，读研的人数更是猛增，博士、博士后等高学历、高素质人才在各行各业发挥着重要作用。这些都告诉了我们，中国在发展，时代在变化，如果一个人不能不断提升自己，终将被这个快速发展的时代所淘汰！

说到发展的迅速，那就不得不提到我们中国的网络科技了！移动支付，让我们出门不需要带银行卡和现金，凭着一部手机就可以走天下！在不方便做饭时，随时订个外卖就可以满足我们的美食需求。网络不仅便利了我们的生活，还为我们实现梦想搭建了平台！我的梦想是成为一名翻译，我喜欢英语朗诵。我可以通过网络，上传我的英语朗诵视频从而进行比赛；也可以听英文歌、看英文报，甚至还可以给名著配音，上传到网络上！除了翻译，我还喜欢自己做音乐，自己编曲，上传到社交媒体进行分享。这就是我亲身体会到的中国科技飞速发展所带来的便利！

中国，一个快速发展的国家，像一只迅速崛起的雄狮，在亚洲大陆上屹立不倒！2014 年中国 APEC 峰会和"一带一路"国际合作高峰论坛的胜利召开，彰显了我国的大国实力。中国发展之快，并不只是体现在教育和网络技术发展上，更是体现在全中国的各项

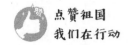
建设之中！我坚信，上文提出的那些变化只是冰山一角，但也完全能够证明祖国，潜力巨大，前途无限好！

发展的中国，无限美好！

作为一名怀揣梦想的中学生，我为祖国点赞！为中国点赞！

（辅导教师：王国好）

中华有为

北京市八一学校　蒋　晴

亲爱的各位老师、同学们，大家好！我是来自北京市八一学校的蒋晴。很荣幸站在这个舞台上，来分享我的故事。

我站在这里，不仅代表着我自己，更肩负着八一学校每一个优秀的少年应该承担的责任，承载着祖国对当代好少年的希望。

作为八一学校的学生，我始终为"八一·少年行"小卫星的研制成果感到无比的骄傲。它是为全国第一颗中学生全程参与研制的小卫星，自诞生起就引发了社会的广泛关注，更收到了校友习近平总书记的祝福。而我们八一学校的同学们，没有辜负习近平总书记的期望。3个月后，这颗由我校40多名学生自发参与研制的小卫星，在航天专家的指点下成功发射。小卫星入轨后，顺利完成了对地拍摄、无线电通信等任务，向全球播放了《东方红》《北京市八一学校校歌》。曾经高不可及的太空，如今与身为少年的我们近在咫尺。

100 年前，梁启超"少年强则国强"的言论使中国听到了少年的声音。无数中华儿女握紧时代的接力棒，义无反顾地踏上了科技的长征之路。他们从零开始、自力更生，取得了无数傲人的成绩。如今，我们可以骄傲地挺起胸膛，看"神舟号"飞船自由遨游太空，看"嫦娥四号"探测器传回的月球背面全景图，看港珠澳大桥伶仃洋上傲然屹立，看京张高铁全线铺轨即将通车，看首艘国产航母正式下水，看"蛟龙"海缆引来海岛风电……

70 载春风化雨，70 载砥砺前行，中国最终走出了一条自主创新、自力更生的科技强国之路！科技创新的土壤培育出新的幼苗：科研人员通过液晶玻璃巧破夜间会车的眩目难题，通过人工智能让机器人实现民用化，通过多次实践创造出了新型拉链头，等等。是的，我们这批热爱创新的青少年正在快速成长，希望用我们旺盛的创造力去推动祖国的科技创新，托起中国明天的希望。

习近平总书记在给我校科普小卫星研制团队同学们的回信中鼓励我们："希望你们保持对知识的渴望，保持对探索的兴趣，培育科学精神，刻苦学习，努力实践，带动更多青少年讲科学、爱科学、学科学、用科学，努力成长为祖国的栋梁之材，将来更好为实现中华民族伟大复兴的中国梦贡献力量。"

民族危亡的时代，少年拯救中国。日新月异的新时代，少年必将强盛中国！今天，我们要以科技为支撑，以知识为力量，为实现中华民族伟大复兴的中国梦不懈奋斗，面对中国光辉灿烂的前程，我要掷地有声地说："中华有为，中华少年有为！"

（辅导教师：娄　巧）

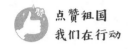
大运河，我为你点赞

北京市通州区潞河中学钱学森班（1）班　韩诗怡

寒假里，我怀着激动的心情，阅读了《我为祖国点赞》这本书。我为博大精深的中国文化骄傲，为日新月异的中国风貌自豪，为无与伦比的中国速度惊叹，为感天动地的中国担当热血沸腾！当然，我还是对不断升级提速、绿色发展的美丽中国感触最深。

我，是在京杭大运河边长大的孩子。从小就听说的如蛟龙般横亘在中华大地上的这条运河有着2000多年的历史，是世界上最长、工程量最大、被称为人间奇迹的人工河。它奔流不息，养育了两岸无数可爱的生灵，积淀了极其厚重的文化底蕴。

可是，在我幼时的记忆中，它的真实样子和我的想象之间，差距实在是太大了：运河的河面窄窄的，并且早已断航，河滩上随处可见裸露的淤泥。河水污浊不堪，懒洋洋地流淌着。水面上漂浮着各色垃圾，不堪入目。两岸光秃秃的，了无生气，就是迎面吹来的风里，都有一股腐烂的味道……在很长的一段时间里，它成了我心中一个难以言说的悲伤之事。

再次来到大运河，是2018年的春天了。看到眼前的大运河，我惊呆了。虽然我也知道政府已经着手治理河道、绿化沿岸了，可运河的变化之大实在是出乎我的意料。

你看吧，200 多米宽的河面在阳光的照耀下波光粼粼，不时有成群的水鸟掠过，惊起阵阵涟漪。一群在水中游弋的小鸭子，时而把头埋在水中寻觅着美味的鱼虾，时而抬起头与河畔的行人互动交流。如果有往来的快艇驶过，水面顿时被划开一道波纹，荡漾开来，发出"哗啦、哗啦、哗啦"的水声。一座座彩虹般的拱桥横跨运河两岸。有时，你还可以看到木制的大龙船自如地穿过桥洞，驶向远方。一阵清风拂过，我似乎闻到了河水清爽甘甜的味道。

运河两岸的景色更是美不胜收。长长的绿化带上，杨柳依依，灌木苍翠，怒放的迎春花、争艳的碧桃、五彩缤纷的其他花朵，还有草坪上栩栩如生的、各种主题的雕塑，让人目不暇接。东南西北，不论你望向哪里，都是一幅令人愉悦的风景画！

河畔铺设着长长的栈道，栈道上不时掠过"全副武装"的骑行者的身影。岸边的树林里不时传来阵阵加油声、喝彩声，原来这里还设有网球场、篮球场呢。活泼可爱的孩子们在游乐区欢快地跳来跳去，精神矍铄的老人们在树下花丛中唱歌、健身……

站在大运河森林公园的观景台上，我不禁浮想联翩，如果没有习近平总书记的"既要金山银山，也要绿水青山"的发展理念，如果没有党中央的一系列重大改革举措，哪里会有大运河美好的今天！而今天的大运河，不正是中国生态文明建设的缩影，不正是展示中国生态文明建设巨大成就的亮丽窗口吗？

大运河，我由衷地为你点赞！我热切地期待着你更加美好的明天！

谢谢大家！

（辅导教师：鲍志军）

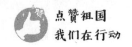

燃动我们的爱国情

北京市大兴区第一职业学校　李知非

2019 年，我们将隆重庆祝中华人民共和国 70 周年华诞。中华民族实现了从站起来、富起来到强起来的历史性飞跃。中国到底有多强大，我就拿出国旅游这件事来说说吧。

过去很多人坚信，外国的月亮都比中国圆，到了发达国家，那是各种仰视和赞叹；在人家的地盘上，一路的小心谨慎，唯恐被人耻笑；走到哪里几乎都见不到熟悉的方块字，可是楼梯间、电梯间倒可能莫名其妙地出现醒目的中文："禁止吸烟，禁止吐痰。"

现在出国，情况大大改变了。譬如在日本，坐地铁是要用现金或银行卡买票的，站内是不能换乘的，车厢内的人大多是在看报纸或杂志。千万别以为他们有多好学，这一切的原因只有一个——地铁没信号。难怪那个在中国生活了 8 年的法国小哥回国后连连感慨："我们这里太落后了。马化腾叔叔，请你过来我们这里，中国以外的国家也需要微信的强大功能。"中文也不用委屈地"躲"在电梯间里，而是光明正大地出现在各大卖场、奢侈品店，尤其是在日本、韩国，因为他们明白，中国人，有着强大的购买力。

现在我们国家的面貌是：仰望蓝天，"神舟飞船"在太空穿梭；

俯瞰大地，三峡工程堪称旷世神奇。高铁、移动支付、共享单车、网购，已成为外国人最想从中国带回去的"新四大发明"。"一带一路"倡议正让世界联系得更加紧密。在经历了移动通信领域"2G追赶、3G突破、4G并进"等阶段之后，在即将到来的5G时代，中国即将实现"弯道超越"！

中国桥、中国路、中国车、中国港、中国网……一个个举世瞩目的超级工程已经成为中国的新名片。这一系列成就，证明中国不仅可以跟上世界的步伐，而且可以引领世界的潮流。不光有爱国人士在电影里喊出："犯我中华者，虽远必诛！"更有外交部部长王毅掷地有声的名言："'中国脚步'走到哪里，'中国保护'就跟到哪里！"

祖国的强大燃动了我们的爱国激情：

100年前，孙中山先生在《建国方略》中就提出了兰渝铁路的建设构想，外国专家曾惊呼这是不可能完成的任务。而今，10万建设大军历时9年终于让山川不再是阻隔，"复兴号"动车组在兰渝铁路上日夜飞驰。

1980年，时任中国人民解放军副总参谋长的刘华清参观美国航母，美军以保密为由不让我们触碰航母上的设施。而今，国产航母成功下水，我们扬眉吐气，举国欢腾。

20世纪90年代，中国申请加入国际空间站项目却被拒之门外，不能如愿。而今，"天舟一号"货运飞船与"天宫二号"空间实验室顺利完成自动交会对接，我国迈进"空间站时代"。

中国人民走的每一步都付出了巨大牺牲。这70年，中国人民永远忘不了抗美援朝战场上精神与钢铁的较量；忘不了我驻南斯拉

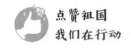

夫大使馆被轰炸的悲愤与耻辱；忘不了南沙群岛护我主权时对手的无耻与卑劣。

"暗淡了刀光剑影，远去了鼓角铮鸣。"在这个和平年代，作为新时代的青年，我们除了为祖国点赞，我们还能为祖国做点什么？

中国有很多高精尖人才，他们设计火箭，建造航母，探索宇宙……与他们比较，我总会有一种渺小的感觉。所有画在图纸上的东西想变成实物，都离不开普通技术人员的劳动。"千金在手，不如一技傍身。"我们首先要做一个于人于己都有用的人。起点低不可怕，但要有长远的目标，对自己的人生要有合理的规划。这是一个机会与挑战并存的时代，"草根逆袭"的故事天天都在发生，我们随时都有弯道超越的可能。但机会只属于有准备的人。学生时代的我们就是要不断做好准备，学好每一项知识，练好每一项技能，把自己的梦想与祖国的需要紧密结合起来，争取做一个有为的人。

"青年兴则国家兴，青年强则国家强"，青年是国家的中流砥柱。作为新时代的主人，我们定当胸怀祖国，凝心聚力，砥砺前行。一个人的能力有大有小，肩负的职责也千差万别，但每个人所做的工作都是祖国事业链条的一部分，都是中华人民共和国大厦的一块砖、一片瓦。尽全力做好自己应做的事，每个人都会是这个时代的英雄。

（辅导教师：高玉敏）

真好，她和祖国在一起

北京市平谷区黄松峪中学初二（3）班　张梓涵

1964 年，黄褐色的蘑菇云在我国西北戈壁腾空而起，中国第一颗原子弹爆炸成功，举世震惊。

同年，在蜿蜒起伏的群山中，她也呱呱坠地。几间低矮的平房、几名清贫的教师、几十个衣衫破旧的孩子，开始编织一个"人民公社"的教育梦想。

1994 年，时任国务院总理李鹏庄严宣布，世界第一大水电工程——三峡工程正式动工兴建。一幅"更立西江石壁，截断巫山云雨，高峡出平湖"的神奇画卷徐徐展开。

同年，她也发展为一个拥有 93 名教职员工、十几个教学班的学校。伴随着祖国的发展壮大，她也迈开了迅速发展的步伐：整齐的校舍、宽阔的操场，让孩子们有了更好的学习天地。

2018 年 9 月，全国教育大会在北京召开，习近平总书记发表重要讲话，就加快推进教育现代化、建设教育强国、办好人民满意的教育作出全方位部署。

现在的她，拥有一流的校园环境，校园里花木扶疏，绿草如茵，让无数学子流连忘返；拥有一流的硬件设施，实现了电脑办公和多媒体教学；拥有一流的教育团队，一位位可敬的园丁认真负

责、诲人不倦；拥有一流的教育质量，连续多年在平谷区学校综合评价中获得一等奖。

她还拥有北京市学生金鹏科技团天文分团，多次组织学生走出校门，开展天文实践活动。在两周一次的天文课上，聆听着北京天文馆专家的细致讲解，让同学们对神秘的太空有了更清晰的认识。晴朗的夜晚，同学们通过天文望远镜，观赏着宇宙所绘制的美丽星空。

随着她顺利通过北京市学生金帆书画院市级验收，越来越多的学生迈入了美术的殿堂。美术课上、小组活动中，同学们以墨为彩，以笔为刷，在洁白的纸张上尽情挥洒。每次书画竞赛，都喜报频传。

当明媚的阳光照耀神州大地，当鲜艳的五星红旗冉冉升起，当你深深感叹："祖国万里江山，如此瑰丽！"她也正沐浴着美丽的晨曦，张开了温暖的手臂，用琅琅的读书声，奏响最动人的校园晨曲。

她就在平谷的大山里。她是北京市平谷区黄松峪中学！她的故事很普通，因为，在平谷、在北京、在中国，有太多太多像她一样的学校，正乘着祖国快速发展的东风腾飞。

真好，她和祖国在一起！

（辅导教师：杨国艳）

听妈妈讲那过去的故事

北京市文汇中学初一（2）班　魏兰亭

老师们，同学们：

大家好！

我是北京市文汇中学的魏兰亭。我今天演讲的题目是《听妈妈讲那过去的故事》。

40 年，意味着什么？对一株幼苗来说，40 年，意味着长成参天大树的成长蜕变；对一个孩子来说，40 年，意味着成为英才的梦想实现。40 年，对泱泱中华来说，不过是弹指一挥间，但是，改革开放的 40 年，却是中国快速发展的重要阶段。

我是"00 后"，没有经历过改革开放之前的生活，但我能感受到改革开放 40 年的变化。因为，在我成长的道路上，妈妈总会给我讲起那些过去的故事。

如果我问大家，你们喜欢玩什么？大家可能会异口同声地说："玩游戏！"你们知道我妈妈小时候喜欢玩什么吗？她告诉我，她小时候最喜欢玩皮球。她生长在农村，小时候经常吃不饱饭，晚上写作业还要点油灯，家里哪有钱买皮球啊！那天，恰好赶上生产队里分粮食，妈妈缠着姥爷，想让姥爷给她买个皮球。磨了一下午，可姥爷却因为分的粮食不够吃，愣是没给她买，不但如此，还因为心

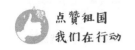

情不好把妈妈打了一顿。妈妈小时候的记忆是暗淡的，因为贫穷，少了许多童年的快乐。这就是改革开放前的故事。

但是妈妈和皮球的故事并没有结束。妈妈说，她记得很清楚，那天姥爷回到家，兴高采烈地说："闺女，看看爸给你买什么来了？"说着，姥爷像变戏法似的掏出了好几个不同花色的皮球，妈妈兴奋极了，开心得跳了起来。童年的暗淡一扫而光！为什么有了这么大的变化呢？原来，1978年改革开放后，农村实行了家庭联产承包责任制，勤劳的姥爷做起了水果生意，家里自然富了起来。妈妈不仅有了皮球做伴，还添了新朋友。

那天，妈妈放学回到家，听见屋子里好像有人说话的声音，说的还是字正腔圆的普通话。这是谁呢？妈妈推开门，咦？没有人啊！她循着声音找去，啊！原来是一个长方体的家伙在说话！这个长方体的家伙是什么呢？大家肯定猜到了，它就是收音机。这就是家里买的第一台牡丹牌收音机，从此，小喇叭开始广播了。在这个新朋友的陪伴下，妈妈走近了勇敢的杨家将，了解了忠烈的岳飞，知道了水浒一百零八位英雄好汉……

听着妈妈讲的故事，我渐渐长大。慢慢地，轮到我给妈妈讲了。我给妈妈讲现在科技发展的迅速，我教她网上购物，用手机导航，我告诉她——无人驾驶的汽车已经测试成功啦！医学上的智能纳米机器人出现啦！"神舟十一号"飞船已成功发射！中国IG战队以3：0横扫欧洲传统豪强，第一次捧起世界冠军奖杯……

就这样，妈妈和我，一起分享着改革开放的故事。聆听和讲述中，我们为之激动，更为之振奋！改革40年，中华民族练就坚实的臂膀；开放 40 年，中华儿女昂首走向富强；改革开放 40 年，让世界的眼光聚焦中国，充满希望！"少年强则国强"！同学们，让我们用实际行动把改革开放的故事继续讲下去，为实现中华民族的伟大复兴而努力奋斗吧！我为我的祖国点赞！

（辅导教师：赵玉娟）

有一种安全叫中国

北京市赵登禹学校八（5）班　李天虹

首先，我想问大家一个问题：你们有没有想过，今天我们能在这里踏实地学习，可以无忧无虑地享受生活，不用整天担惊受怕、惊惶不安的原因是什么？

——因为安全感。

安全，这个词想必大家都不陌生。好好工作会有物质上的安全感，好好学习才会有期末考试的安全感。这种安全感往往是通过我们自身的努力，与生活做一场等价交换。而今天我想说的，是一份不基于任何条件、不需要努力、我们常常身在福中却不知福的安全感。而这份安全感，正是中国这个伟大的祖国赋予的。

前几年的春天，我争取到了去美国游学的机会。游学结束前的晚上，我回到宿舍。一个来自叙利亚的姐姐得知我明天就要回中国时，跟我说："我很羡慕你啊，我的国家常年都在内战。虽然在今

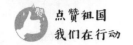
天，我们两个都是在美国游学的学生，但是我们各自都还有一个身份，我的身份叫叙利亚难民，而你的身份叫中国国民。"那时候的我不明白这句话的意思，也不理解。直到现在我才渐渐明白，难民与国民最大的区别，在于你是否有自主选择的权利。国家赋予国民的安全感，使你不用担心国土安全，更不用担心因国破家亡而流落他乡，这就是一个国家给国民最基本的安全感。

2015年的也门危机，中国以最快的速度开展撤侨行动，并且在其他国家救援队均撤离的情况下，不管情况多么危急，仍坚持不懈救出每一个侨民。国力强盛，便是民之所幸，伟大的祖国赋予了我们强烈的安全感。"有了危险就回家"，这就是我们中国。

在以色列，无论是国内航班还是国际航班，只要安全着陆，机舱里都会响起热烈的掌声。我们无法理解，为一次寻常得不能再寻常的飞行鼓掌有意义吗？但是对于以色列人来说，这是对安全感的一种执念。第二次世界大战时期，纳粹对犹太人展开种族屠杀，他们的父辈不是在逃难就是在逃难的过程中遇难。那是一个没有安全感的民族，而他们现在所做的一切就是重建安全感。这让我意识到，缺乏安全感对于一个国家及其国民而言是一种怎样的体验。缺乏安全感其实不影响综合国力的提升，因为安全感的缺乏催人奋进，所以今天的以色列，在军事、科技、农业、商业、金融等很多领域都走在世界前列。

迅速崛起的中国，已经站在新的历史起点上。一个日益强大、更加自信的中国，正全方位地、以更加积极的姿态参与国际事务，向全世界展示中国负责任、愿担当的大国形象。中国共产党为实现中华民族伟大复兴的历史使命，无论是顺境还是逆境，都初心不改，矢志不渝，团结带领人民历经千辛万苦，付出巨大牺牲，攻克了一个又一个看似不可攻克的难关，创造了一个又一个人间奇迹。中国共产党人这种勇于担当的精神，给了中国国民强烈的安全感。现在，中国为维护世界和平，自 1990 年开始，每年向联合国派遣军事观察员执行维和任务。截至 2017 年 9 月，中国军队已经完成 8000 人规模维和待命部队在联合国的注册工作。他们都在尽自己最大的努力，为世界的和平、各国的友谊作出自己最大的贡献，同时也为中国国民能够获得更加强烈的安全感而奋斗着。

我们的祖国赋予了我们强烈的安全感。基于安全感，我们可以自由选择我们的生活。有一句话是这样讲的："如果你觉得你很安全，那是因为有很多人在为你默默付出；如果你觉得你过得很舒服，那是因为有很多人在为你承担风险。"而正是通过全国各行各业的人的不懈努力，才使得你和我能有更强的安全感。当你置身海外，站立的地方可能不是中国，但是你背后一定有一个坚决维护你权益的中国。有这样一个伟大的祖国作为后盾，让我拥有了空前的安全感。而这份安全感的来源就叫中国，中国的国民最有安全感！

（辅导教师：孙丽玲）

2018

"红旗飘飘　引我成长"
主题教育读书活动

小学组

—— 一等奖 ——

红旗下，奥运宝宝在成长

北京工业大学附属中学小学部四（2）班 王子茉

　　我是 2008 年出生的奥运宝宝。2008 年，我们国家发生了几件大事：北京奥运会成功举办，向世人展示了一个崛起的现代中国；汶川地震抗震救灾，展现了解放军叔叔超强的能力和全国人民万众一心的凝聚力。

　　而那时，我还只是一个婴儿。

　　唤起我对国家、对民族的认同感和自豪感的，是 3 岁那年在天安门广场观看升国旗仪式时，迎着朝阳冉冉升起的那一抹绚丽的中国红；是《红旗飘飘　引我成长》读本中先烈们的英雄事迹。

　　假期，我参观了郭永怀事迹陈列馆，内心被极大地震撼了。

　　郭永怀爷爷是"两弹一星"科学家中唯一的一名烈士。1968 年，他乘坐的飞机在快要降落时突然失去了平衡，坠毁在 1 公里以外的玉米地里。在生命的最后时刻，他选择了与警卫员紧紧地拥抱在一

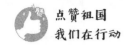
起。当人们费力地将两具烧焦的遗体分开时才发现，郭永怀的那只装有绝密资料的公文包，安然无损地夹在他们胸前。消息传到国务院，周恩来总理失声痛哭。

22 天后中国第一颗热核导弹试验成功。

在参观中，我和大家一样流泪了。我们不会忘记，中华民族的优秀儿女、共和国的脊梁们，是他们让我们在世界面前挺直了腰杆！

我 5 岁开始学习花样滑冰，跟国家队共用一块场地。冰场边醒目的五星红旗、备战标语和冰场上运动员们的风驰电掣让我倍觉自豪和神圣。训练中，我经常磕伤碰伤，最严重的一次磕掉了一颗门牙，是身边的世界冠军们给了我精神力量。

记得第一次参加比赛时，我特别兴奋，短节目发挥出色，可是在第二天的自由滑比赛中摔倒了，那是我最不愿回顾的一幕。那时我 7 岁，我控制着自己没有在场上哭，含着泪滑完了全场。那天的比赛曲目是《天鹅湖》，下场后教练告诉我："小天鹅的前身是丑小鸭，孩子，你很棒！"从那天起，我知道了：花样滑冰选手漂亮优雅身姿的背后是他们的勇敢、坚持，是即使摔倒了也要微笑面对的坚韧精神！

一年后，我再次参加比赛，尽管那天发烧了，但是凭借着扎实的训练和顽强的意志我终于站在了最高的领奖台上！就是在这一次又一次的跌倒中，我成长为一个坚强的、勇于担当的女孩！

2015 年，中国申办 2022 年冬奥会。当时，我正在参加大型冰上演出，为申办冬奥会助力。当申办成功的消息传来，整个体育馆沸腾了！我们欢呼！我们呐喊！我们心中的期盼化为成功的喜悦！那一刻，中华民族的自豪感从我心底油然而生。

我为我是中国人感到骄傲！为生活在这个伟大的时代感到骄傲！我们多么幸运，能够亲眼见证我们伟大祖国日新月异的变化！

我是生长在五星红旗下的奥运宝宝，是一名少先队员、一名小小志愿者。到 2022 年，我希望自己能够成为冬奥会的志愿者，用我的知识和热情传递正能量，为我们的国家增光！为五星红旗添彩！

（辅导教师：李　诺）

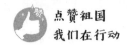

——二等奖——

我心中的那一抹红

北京市顺义区裕龙小学　杨梦欣

　　学期初，学校向我们发放了一本《红旗飘飘　引我成长》读本，并开展了读书征文活动。这本书由"强国之梦""红旗飘飘"和"民族复兴"三个章节组成。在书中，我认识了爱国情深的方志敏、威武不屈的杨靖宇、鞠躬尽瘁的焦裕禄、奋不顾身的王进喜……看到这些英雄的故事，我真的感到中国共产党太了不起了！英雄们像在用一双双强有力的大手推着我勇敢向前。

　　记得上小学一年级时，我光荣地加入了中国少年先锋队。从那一刻起，我为自己佩戴上红领巾——那红旗的一角而觉得无比自豪，并暗下决心向革命先辈看齐。尤其是每星期一升旗的时候，看到蓝天白云之下，一面火红的五星红旗伴随着庄严的国歌声冉冉升起，听到主持升旗仪式的大姐姐清脆的嗓音传遍校园每个角落时，我心中便浮起一个梦想：以后，我一定要像大姐姐那样成为一名光荣的主持人。

于是，我在课上积极发言，朗读课文尤为认真。幸运的是，升到三年级时，我被推选为学校红领巾广播站的播音员，我非常珍惜这每周只有一次的广播时间。课下，我反复练习广播稿。我常常为自己播出的一篇篇优美的文章能成为同学们一天中美好的开始而感到非常喜悦。

为了让我的主持水平能有更大进步，我还特意参加了学校的播音主持社团。在周老师的耐心指导下，我的朗诵水平逐步有了提高。不久，全区要举行朗诵比赛，学校让我担任领诵。每天所有课余时间我都用来背稿。晚上，我也要在镜子前反复练习，或让爸爸妈妈坐在沙发上当观众。当我们学校最终夺得小学组朗诵冠军奖杯的那一刻，我和小伙伴们拥抱着跳起来，因为，我们的汗水没白流。

诚然，在这条成长的道路上，不可能是一帆风顺的。记得有一次参加北京市的比赛，我满怀信心地认为自己会拿到一等奖，而且也一直在为这个目标不断努力着，但没想到最后只拿了个三等奖。此时的我有些失落，有些心理不平衡。我付出了那么多，可结果却不尽如人意。而且，对于升入六年级即将毕业的我而言，学业负担也比较重，我是在这条主持的道路上继续砥砺前行？还是随波逐流，好好准备自己的毕业考试？此时的我彷徨了……

正当我想放弃之时，书中那一个个英雄人物却浮现在我的眼前，在我的脑海中挥之不去。我仿佛听到了他们的劝诫，听到了他们对我的谆谆教诲。我在心中呐喊："杨梦欣啊，杨梦欣，你这点

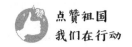
小挫折和那些英雄人物比起来简直轻如鸿毛，你怎么能这么轻言放弃呢？"沉思了片刻，我知道自己该何去何从了。

成长带给我欢笑，带给我酸涩，激励我不断奋发向前。近两年来，在朗诵和演讲比赛中，我先后获得区级一等奖 4 个，二等奖 1 个；市级二等奖 2 个，优秀奖 1 个，并连续两年获得北京市红领巾奖章。我也因此成为我校唯一被评为"感动东风校园人物"的少先队员。

我知道，耀眼的奖牌只属于昨日，主持人的梦想之路还很长。为了讲好中国好故事，传播中国好声音，我一定不懈地为之努力下去。"少年强则国强"，祖国的未来就在我们手中。阳光下，红旗飘飘，红艳似火，我心中的那一抹红色将永远激励着我勇敢向前……

（辅导教师：张海飞）

红旗飘飘　领巾熠熠　激励成长路

北京市怀柔区第二小学四（1）班　丁　萌

记得一年级每周参加升旗仪式的时候，我都带有一丝疑惑：新中国都成立这么多年了，为什么还要搞这些仪式呢？红领巾就是布做的、染料染的色，为什么老师还告诉我们是革命烈士的鲜血染成的呢？

那时，我最烦奶奶给我讲中华人民共和国成立前老百姓吃不饱、穿不暖的故事，最烦姥爷给我讲三年自然灾害的经历，那些都是过去的事了。时代不同了，理念也不同了。我只希望每天都像小公主一样打扮得漂漂亮亮的去上学。我觉得红领巾与我的衣服不搭，只要妈妈和老师看不到，我第一时间就把它摘下来。我悄悄地把它塞在了书包里，反正老师也看不见。因为这个事情，老师批评过我好几次，可是我却不以为然。

有一天，老师递给我一本书："丁萌，给，好好看看吧！"捧着这本《红旗飘飘　引我成长》，我认真地读了起来。在书中，我认识了宁死不降、坚贞不屈的革命先烈方志敏；认识了英雄母亲邓玉芬，她送子送夫抗日，先后失去了6位亲人，终于盼到了胜利的那一天；还了解了红军战士爬雪山过草地的英勇事迹。这一个个感人肺腑的革命故事，这一位位可歌可泣的英雄人物，使人热血沸腾，也让我陷入沉思。在当代，铁人王进喜打出大庆第一口油井，成为行业中的典范。"杂交水稻之父"袁隆平，经历了无数次的失败，终于培育出超级稻——种植超级稻可以使每亩水稻产量提高20%。读着这一个个催人奋进的情节，一个个动人心弦的故事，想到过去自己种种不以为然的想法，我如坐针毡，我不是理所应当的享受者，我根本就没有当小公主的资格！

是他们——无数的革命先烈为我们创造了这样无忧无虑的生活条件，让我们像花儿一样在阳光下快乐地绽放。是他们——数不清的社会建设者，用勤劳和智慧让我们的国家从贫穷走向富裕，从落后走向强大！

从那以后，我每天早上必做的一件事就是：对着镜子庄重地系

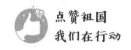

上红领巾；每天晚上必做的一件事就是：把红领巾摘下来，端端正正地放在床头。

系上红领巾，我是那么的骄傲自豪，看着冉冉升起的五星红旗，我感到豪情万丈。它代表着一种态度，蕴含着一种动力，升腾着一股磅礴而有序的精神力量！作为新时代的少年，我们将沿着英雄的足迹，扬起奋进的风帆，张开智慧的双臂，给五星红旗增添新的光彩，让它永远高高飘扬！

（辅导教师：杨小燕）

传承拼搏精神，做新时代合格接班人

北京市房山区良乡第四小学五（2）班 李丞悦

寒假期间，我读了《红旗飘飘 引我成长》一书。在"强国梦想"这一部分中，先辈们那可歌可泣的事迹令我肃然起敬。特别是他们都有着坚定的信仰，恽代英在文中写道："我们吃尽苦中苦，而我们的后代则可以享到福中福；为了我们崇高的理想，我们是舍得付出代价的。"这让我想到我读过的小说《红岩》里的许云峰、江姐、成岗和华子良等优秀共产党人的英雄形象。他们都有着共同的信念，那就是他们坚信自己的牺牲、拼搏一定会换来人民的好日子、国家的好前景。我想对逝去的先辈们说：如今的中国，真的美丽如画，如今我们的生活无比幸福！中国共产党正带领中国人民为实现中华民族伟大复兴的中国梦不懈奋斗！

而在"建设祖国"的章节里，焦裕禄誓死改变兰考面貌、王进喜"宁可少活二十年，拼命也要拿下大油田"的铿锵话语，震撼着我的心。这让我想起了我的大舅，2012 年房山区特大水灾中，他作为房山防化团的一名战士、一个共产党员，和 100 多名战士一起营救附近村民。他们在齐腰深的水中搜救，舅舅在一个院子里为救一位老奶奶，情急之下，用拳头砸、指头抠，磨得双手鲜血直流，硬是把院墙凿出一个洞来，才带着老奶奶从水中钻出洞口脱险。这是水灾过后舅舅讲给我听的。当时我只有 5 岁，我瞪大眼睛听着，手握得紧紧的，面前的舅舅也显得更加高大了。此刻，他们就像一面面旗帜，在我的心中飘扬，这让我感到："共产党员为人民的利益冲锋在前的精神在一代代传承！"

不断接受着正能量的我，也有着一股韧劲儿和拼劲儿呢。我自幼爱读国学类书籍，幼儿园时就可以将《三字经》倒背如流。上学后，在妈妈的陪伴下，我每天读书半小时，雷打不动。先后读完了《幼学琼林》《笠翁对韵》《论语》《老子》《大学》《中庸》。为了传播国学，我坚持在喜马拉雅音频平台上天天诵读《诗经》，到现在已经坚持了 260 多天。不管做什么，我都不轻言放弃。2018 年的 4月，我报名参加房山区 3D 创客设计制作比赛。备赛中，我每天晚上完成学习任务后，就开始在电脑前设计我的作品，常常坚持到晚上 10 点多。设计过程中出现编程困难，命令失败，我就一次次地查资料，反复地实验，因为长时间目不转睛地盯着电脑，有时会头痛、眩晕、恶心，有时感到就像有块砖头压在我的头上，感觉脑袋

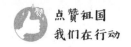
要裂开了，疼得直流眼泪。当我想放弃时，我眼前就会浮现出先辈们拼搏奋斗的画面！于是，我积极地又投入到设计之中。可是总会有困难不断袭来，当我实在不能够解决的时候，就通过视频通话，向老师请教。不管多晚，老师都耐心地指导我，最终克服了重重困难，终于调试成功！我交上了自己的用心之作《未来的教室》，结果我的作品被选送参加北京市的比赛。2017年6月3日，我在市级比赛中获得了唯一一个特等奖，要再参加全国的比赛。我想，全国可是高手如云啊，于是我对作品又做了进一步的完善。同年7月21日，我带着我的《未来的教室》走进全国比赛现场，经过激烈的比拼，最终获得了亲子创客制作全国一等奖和首届创客奥斯卡全国一等奖。站在领奖台上，我笑脸灿烂，可坐在台下的妈妈眼里却充满了泪花。

我想，我的这股拼劲儿，得益于父辈的引领，更得益于革命传统教育。我要继续传承拼搏精神，做新时代合格的接班人！

（辅导教师：邸　锐）

你好，新时代！——红旗飘飘，引我成长

北京市东城区前门小学五（1）班　魏宇萌

每周一，迎着朝阳，伴随着雄壮的国歌声，我们举行庄严而隆重的升旗仪式。眺望着国旗冉冉升起，耳畔回荡着气壮山河的国

歌，眼前不禁浮现出无数仁人志士抛头颅、洒热血的情景，国旗，这新中国的象征，穿越着时空，延续着中华民族的伟大传统。

品读《红旗飘飘　引我成长》这本书，让我懂得了中国人的信仰。方志敏在狱中正气凛然、坚贞不屈，断然表示："宁为玉碎，不为瓦全，为革命而死，虽死犹荣！"在极端艰苦的条件下，他写下了《可爱的中国》《清贫》等著名篇章；杨靖宇胃里全是草根和棉花，没有一粒粮食，竟与敌人周旋了五天五夜；长征途中，我党我军能摆脱蒋介石数十万大军的围追堵截，爬雪山、过草地，在缺衣少粮的情况下战敌人、斗严寒、抗冰雪，取得二万五千里长征的伟大胜利……这是一种精神，更是一种信仰所焕发出的力量。

历史在前进，红旗在飘扬。在党的带领下，中国让世界人民领略到了她的独特魅力。自行研制的"神舟五号""神舟六号"到"神舟十一号"的成功发射，浩瀚太空中，多次响起了中国人的声音。五星红旗高高飘扬在宇宙中，实现了中华民族千年以来的飞天之梦。如今，"墨子号"卫星、国产大飞机 C919、在世人眼前完全自主知识产权的高铁列车"复兴号""蛟龙号"载人潜水器……一个接一个重大科技成果惊艳亮相。

我们可爱的祖国站在了世界的前列。中国共产党带领我们走出黑暗，走向光明，走向复兴！

红旗飘飘，这是一面引领希望、开创未来的光辉旗帜！作为新时代的少先队员，我们要铭记历史，沿着英雄的足迹，扬起奋进的风帆！学校里开展了各种少先队活动，组建了各类社团。红领巾专属的品牌——校广播站、电视台，及时推送各类活动信息，同时深

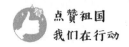

入宣传习近平爷爷对我们提出的一系列希望和要求，聚焦领袖魅力。为让每个队员都能展示自己的特长，各中队积极创建"动感中队"活动，开展红领巾"创未来"创新创意创造活动，开展"小小志愿者"活动，用爱心与行动去温暖别人。在丰富的活动中，队员们真实感受到精神信仰带给自己的快乐。

"哪有什么岁月静好，只不过是有人替我们负重前行"。今天的生活是先辈们用血与泪换来的。我们应积极践行社会主义核心价值观，努力弘扬爱国主义精神，无私奉献，勇于担当，以实际行动去体现我们对社会的责任，对祖国的热爱，争做新时代好队员。

国旗，在晴空升起；国歌，在蓝天中奏响。沐浴着五彩的晨光，伴着红旗飘飘，让我们唱响中华人民共和国的最强音。

（辅导教师：刘金舫）

红领巾的中国梦

北京市大兴区首师大附中大兴北校区四（1）班　武心岚

那天班会，老师让我们就《红旗飘飘　引我成长》这本书谈谈什么是中国梦。同学们七嘴八舌地讨论着："中国梦就是中国人的梦呗！对，就是我们每一个人的梦想。我的梦想是当老师，我的梦想是当一名科学家，我的梦想是……"望着窗外操场上迎风招展的五星红旗，我不禁陷入了沉思："啊，多么鲜艳的五星红旗，那血一样的颜色在蓝天的衬托下显得格外耀眼。"我抬头用胸前的红领巾与国旗对话:"国旗请你告诉我,我的中国梦应该是什么?"

恍惚间,一个小男孩儿从国旗的方向向我走了过来,他看起来非常瘦弱,细细的身子撑着一个大大的脑袋,蜡黄的面庞看起来无精打采。我猜他只有五六岁吧!"嗨!你好,我是四(1)班的武心岚,请问你是?"他怯生生地环顾了一下四周:"这里是学校?"他的脸上竟然露出了一丝惊喜的表情:"我叫小萝卜头。"他的声音很微弱,我以为我听错了,"什么?小萝卜头?就是渣滓洞的那个小萝卜头?""嗯。"我兴奋地跑向他,拉起他的手:"我知道你,我听过你的故事,你是我们的小英雄,你在监狱的时候还那么小,受尽了敌人的百般折磨,吃的是发霉的米饭和白菜帮子,住的是终年不见阳光的牢房,但即便是在这样的环境下你也尽你最大的努力去学习,帮助党完成了许多大人完不成的革命任务。"他低下头腼腆地笑了笑:"能带我看看你们的学校吗?"我知道小萝卜头最渴望的事就是上学了,便拉着他向班里走去。教室宽敞明亮,同学们正坐在书桌前大声地朗读课文,认真地写作业。窗外,美丽的校园鸟语花香。小萝卜头出神地望着,我看到他的眼里充满泪水:"你知道吗?在牢房里,要得到一张纸一支笔真的很不容易。妈妈把草纸省下来,订成本子给我。9岁生日那天,黄伯伯送给我一支铅笔。这可太珍贵了,我在上课的时候才用,平时就用小石头在地上练习写呀,算呀。不管夏天多么闷热,冬天多么寒冷,我做梦也想在这样的教室里上课啊!"他擦了擦脸上的泪水,接着说:"妈妈说,将来革命胜利了,还要建设新中国,这是我的梦想,现在,我看到了,

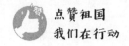

我的梦想实现了。"他转向我，用双手托起我胸前的红领巾："记住，这条红领巾来之不易，它是无数革命志士的鲜血染红的，也寄托了我们无限的希望，中国梦就是用我们的牺牲成就你们的幸福成长，我们将在你们的努力下看到一个伟大梦想的实现，记住，不要辜负它！"

忽然间，我睁开了眼睛，这个梦太真实了，小萝卜头说的话我清清楚楚地记得并印在心里。我也明白了，中国梦就是无数为梦想牺牲的革命烈士的梦，是无数仁人志士的梦，我们幸福生活的红领巾的梦……有了梦，我们的心就会飞翔；有了飞翔，我们的梦想不再遥远。我们生活在美好的时代，我们自信、阳光、快乐，我们不会忘记为祖国、为梦想牺牲的革命烈士，我们将沿着他们不懈奋斗的方向，不忘初心、继续前行！

（辅导教师：李燕娜）

五星红旗——我爱你

北京市通州区玉桥小学五（3）班　林小鹏

小时候，看到红旗招展，我会莫名地感到温暖和激动。大了些，看到奥运健儿披着五星红旗奔跑、阅兵式上老兵们看到五星红旗老泪纵横、《红海行动》中撤退的侨民看到五星红旗激动欢呼的场景，我诧异，五星红旗藏着怎样令人着迷的魅力？

读了《红旗飘飘 引我成长》，我看到那么多前辈在战争中英勇牺牲，为国家建设鞠躬尽瘁，我想："他们为什么会这样？五星红旗为什么有那么大的力量？"

我问老师、问家长，读更多的书，看相关影片，逐渐找到了藏在五星红旗中的秘密。回望中国近代百年的屈辱历史，是五星红旗最终为中国指出了独立富强的方向，让中国在黑暗中找到了走向光明的希望。

作为时代的宠儿，我从出生就没尝过贫穷和苦难的滋味，更不懂灾难和战争的含义，从小的顺境使我养成了依赖、怕吃苦、以自我为中心等毛病。读了《红旗飘飘 引我成长》后，我隐约明白了习近平爷爷说的"中国梦"的含义，也似乎懂得了五星红旗对我引领的意义。我不能只享受五星红旗给我带来的幸福快乐，我还要听从五星红旗的召唤，从小担起时代的责任。

我积极参加各种志愿服务。在为山区小朋友捐书的活动中，我主动承担图书的分类和打捆任务。我将一本本堆放凌乱的书籍分类，然后打捆。虽然是初春，但我的额头上汗水不断，后背湿了又干，手掌磨出了血泡。妈妈来接我时，看到我狼狈的样子，眼中噙满泪水，我打趣地说："没事儿，多干几次就好了，别忘了，您的儿子是顶天立地的男子汉！"

寒假，我再次跟随"狮子会组织"来到秦皇岛孤儿院，利用我英语口语好的优势，负责接待外国小朋友。"Can I help you？ We can play football together."几句简单的英文让他们感受到来自异国的关爱和温暖。

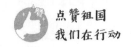

　　每周日中午，我都和妈妈一起参加街道组织的"等灯等灯"文明交通引导活动。两年来，无论"三九"还是"三伏"，我们都站在通州街头，从未间断。我还是我们单元门的楼门长，我带头擦拭楼梯栏杆，清理小广告。手指蹭破了，对门的奶奶拿出创可贴给我贴上，心疼地说："好孩子，别干了，不是有物业吗?"我说："奶奶，没事儿，这不算什么。"

　　"真的没事儿，真的不算什么"，和那些前赴后继的前辈们相比，这又算得了什么呢? 我也要像他们一样，为中华民族的伟大复兴贡献自己的力量，让五星红旗更加光彩夺目!

　　红旗飘飘，伴我成长! 此时，我心中有一首歌在唱响："五星红旗，你是我的骄傲。五星红旗，我为你自豪，为你欢呼，我为你祝福。你的名字，比我生命更重要!"

　　此刻，我更想大声地说："五星红旗——我爱你! 祖国——我爱你!"

　　谢谢大家!

（辅导教师：王　娟）

三等奖

在 路 上

北京市海淀区首都师范大学附属小学六（4）班　孙靖怡

　　仿佛就在那弹指一挥间，穿过历史的烟云，打开尘封的记忆，风雨兼程，坎坷沧桑，伟大的中国共产党已经走过了近百年的峥嵘岁月。在中国共产党即将迎来百年华诞之际，无数中华儿女把目光投向了这面鲜艳的旗帜——高高飘扬的中国共产党党旗。

　　20世纪初，中国人民的革命斗争屡遭失败，神州大地上山河破碎、生灵涂炭。1921年，中国共产党诞生了。从此，中国革命有了坚强的领导力量，有了可信赖的领导者和组织者，她的诞生让中华民族看到了曙光和希望。

　　在党的领导下，多少英勇无畏的仁人志士前仆后继、满怀激情地踏上了这条民族复兴的革命道路：坚贞不屈的方志敏、铁血将军陈树湘、英雄母亲邓玉芬、视死如归的杨靖宇……他们不惜抛头颅、洒热血，用鲜血染红了五星红旗，用生命喊出了中华民族的最

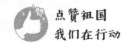

强音！终于，1949 年 10 月 1 日，新中国成立了！中国人民从此站起来了！

历史在前进，红旗在飘扬。在改革开放的辉煌之旅上，中国共产党带领广大人民共同发展，让世界领略了中国的风采和实力：中国自主研制的"东方红一号""神舟"系列飞船相继被送上太空，浩瀚宇宙中，第一次响起了中国人的声音、出现了鲜艳的五星红旗；从西气东输到南水北调，从青藏铁路到"四纵四横"的高铁网……一个又一个奇迹见证了中国人民的智慧与勤劳，见证了中国的复兴崛起之路！

在今天这个科技进步、日新月异的新时代，中国共产党又提出"两个一百年"奋斗目标，它将与中国梦一起，成为引领中国前行的时代号召。当下的中国，不仅坚持稳中求进，还在谋求自身发展中促进各国共同发展：从"一带一路"倡议到亚投行成立，从中非合作升级版到亚太自贸区，所有这些都为"两个一百年"奋斗目标的实现奠定了坚实的基础。相信在不久的将来，中国共产党带领广大中国人民沿着新时代中国特色社会主义道路，一定能实现中华民族伟大复兴的梦想！

生活在和平年代的我们无疑是幸运的，是中国共产党带领人民通过几十年的艰苦奋斗为后人创造了今天的美好生活。那我们作为小学生，又该怎样表达自己爱国爱党的情怀呢？我想，爱国爱党并不是体现在要喊出多么响亮的口号，而是要我们从身边一点一滴的小事做起：当国歌响起时，你停在原地肃立敬礼了吗？当每天早上进校门前，你认真地戴好红领巾了吗？当出国旅行时，你亮出中国人的素质和风采了吗？诸如此类的小事还有很多，做到这些就是爱国、爱党。

梁启超先生曾说过："故今日之责任，不在他人，而全在我少年。"今天我们是祖国的花朵，明天我们就是祖国的建设者。到"两个一百年"奋斗目标中第二个"一百年"的决胜阶段时，我们就是祖国的栋梁！历史的接力棒已经传递到我们手中，我们必将沿着先人的足迹和道路，在中国共产党的领导下，在星星火炬的照耀下，让中国和平崛起，为五星红旗增添新的光彩，让它永远高高飘扬！从改革开放到全面建成小康社会，为实现中华民族的伟大复兴，我们一直在路上！

（辅导教师：王　乐）

在五星红旗下幸福成长

北京市延庆区十一学校五（1）班　亓妍霖

"起来！不愿做奴隶的人们！把我们的血肉筑成我们新的长城！中华民族到了最危险的时候，每个人被迫着发出最后的吼声。起来！起来！起来……"自从上了小学，每逢星期一都有升旗仪式。每当雄壮的国歌声响起，仰望着冉冉升起的五星红旗，我的心情都无比激动。老师告诉我们，升旗台上的五星红旗是中华人民共和国的国旗，大星代表中国共产党，小星代表全国人民团结在党的周围。

后来我加入了中国少年先锋队，当我佩戴红领巾时，我霎时感

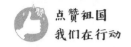

到很骄傲，很自豪，为我是中国人而骄傲，为我戴上红领巾而自豪！老师一直教育我们要热爱祖国，善待和爱惜红领巾。五星红旗是无数先辈用鲜血染红的，而红领巾是五星红旗的一角，爱祖国就要从热爱五星红旗、热爱红领巾开始。

我十分珍惜今天的幸福生活。坐在宽敞明亮的教室里，我遵守纪律，认真听讲，按时完成作业，各门功课都取得了优异的成绩；和同学参加户外活动，我不怕苦不怕累，即使满头大汗也认真清扫楼道；回到家里，我心怀感恩，孝顺父母，做些力所能及的家务活……我的目标是做一名德智体美劳全面发展的好学生，将来把我们的祖国建设得更加繁荣富强。

从"2008年北京奥运会"到"一带一路"倡议，我们一次次向世界证明了中国的实力。中国自行研制的"神舟五号""神舟六号""神舟七号"相继被送上太空，浩瀚的太空中，多次响起了中国人的声音。五星红旗高高飘扬在宇宙中，这一壮举圆了中国人的飞天梦。如今的中国在十九大精神的引领下，将开启新的征程，实现中华民族伟大复兴的大中国梦！

红旗飘飘，这是一面引领希望的光辉旗帜；

红旗飘飘，这是一面民心所向的富裕旗帜；

红旗飘飘，这是一面开创未来的坚强旗帜！

红旗飘飘，这是我们少年儿童健康成长的幸福旗帜！

作为新时代的少年，我们将沿着英雄的足迹，扬起奋进的风帆，张开智慧的双臂，给五星红旗增添光彩，让它永远高高飘扬！

（辅导教师：李庆平）

红旗飘飘——引我成长

北京市门头沟区人大附小京西校区五（3）班　李歆怡

尊敬的老师们、亲爱的同学们，大家好！我是来自人大附小京西校区五（3）中队的李歆怡。今天，我给大家带来的演讲题目是：《红旗飘飘——引我成长》。

在演讲之前，我想先跟在座的各位老师分享几个问题：首先，如果老师没有提醒，有多少人会主动佩戴红领巾参加升旗仪式？其次，有多少人敬队礼是不标准的？他们出现的问题又是什么？再次，有多少人知道，加入少先队后，我们要做些什么才能成为社会主义的建设者和接班人呢？

这也是我入队 5 年来一直想问自己的问题。因为我不仅是一名少先队员，更是一名少先队大队委。

我们什么时候佩戴红领巾、敬队礼？我们该怎样成为新时代合格的少先队员呢？我想和大家先分享这样一个景象：

在我们人大附小，每天早上 7：50，五星红旗都会伴随着嘹亮的国歌声，在美丽的校园中冉冉升起。无论你身在彩虹门前、操场上，还是在办公室、食堂、走廊或教室里，无论你是校长、老师、学生，还是保安叔叔、保洁阿姨……所有的附小人都会在这一刻迅速停下一切活动，庄严肃穆地面向国旗立正站好并高唱国歌。

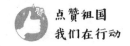
从 2009 年起，学校每周一举行升旗仪式，每周二到周五早上升旗，校长希望把尊重国旗的爱国主义精神根植于我们心中。值得我们兴奋的是升旗手的光荣职责，做一名升旗手成为我们每一名少先队员的梦想。于是，每天早上 7∶50，你就会看到，校园中肃立的每一个附小人都心向国旗，满腔热血；你就会听到，激昂的国歌响彻天空；你就会感受到，"我们是了不起的中国人"！这就是人大附小早上 7∶50 亮丽的风景线。

有一次区领导到校督导，我作为小接待员听到领导说我们学校的爱国主义教育落到了实处。不仅仅是校园里，就连校园外也是这样的，连家长也这样做。有一天早上，我正好 7∶50 到校门口，看到正在过马路的孩子、正在橱窗边上的少先队员，一听到校园里传来的国歌声都立正站好，他们的爸爸妈妈也立正站好，路上行驶的汽车也停了下来。以上这一幕真正成为人大附小爱国主义情操的亮丽风景线。我的内心无比激动，我也相信在座的老师看到这一幕也会为之感动。我更为我是附小人感到骄傲。

早上 7∶50 这是一个特别的时刻，是一个庄严的时刻。这不断重复的一刻，让我们每一位附小人懂得了爱祖国。红旗飘飘在心不是一句空话，当我在国外参加比赛获得金奖的时候听到熟悉的国歌声在耳畔响起，看着高高飘扬的五星红旗的时候，我流下了眼泪。我要感谢我的学校，因为她不仅教会我做人，更教会了我如何做一名中国人。

（辅导教师：谭广军）

传承红色精神　争做新时代好少年

北京市丰台区西罗园第五小学五（1）班　姬佳音

"故今日之责任，不在他人，而全在我少年。"梁任公的《少年中国说》言犹在耳。大家好！我是来自西罗园五小五年级一班的姬佳音，今天我演讲的题目是《传承红色精神　争做新时代好少年》。

本学期，在学校少先队的引领下，我和我的小伙伴们一起阅读了《红旗飘飘　引我成长》这本书。书中通过"强国梦想、红旗飘飘、民族复兴"三个主题让我看到并感受到了中国的崛起、民族的复兴。一个个小故事、一首首诗歌让我看到了属于我们中华民族的民族力量。

书中"红色之旅"篇章中关于毛主席的描述，让我不由得对伟人的故事发生了兴趣。巧合的是，学校少先队推荐的红色拓展书目中的《恰同学少年》一书，深深吸引了我。通过书籍这个神奇的"时光穿梭机"，我感受到了在那个内忧外患、动荡不安的年代，青年毛泽东和他的同学们视国家兴亡为己任的豪迈与热情。

《恰同学少年》一书中曾描写了这样一个故事：在毛主席就读的湖南第一师范学校的后面有个小山坳。每天清晨，青年毛泽东都会和好友去那里晨读。有一天清晨，天上下起了雨，毛泽东照样去后山晨读，本以为同学们不会来，但是伴随着雨越下越大，人却越来越多，一群风华正茂的少年在雨中，为了国家、为了民族大声朗

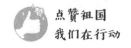

读出心中的希望。他们朗读的内容是什么呢？"少年智则国智，少年富则国富，少年强则国强。"

什么是红色精神？红色精神就是爱国，就是用自己的行动来热爱我们的国家。每周一的早上，学校都会组织庄严的升旗仪式。就在同一时间，在福建省邵武市大埠岗镇溪上村的小学里，也在举行升旗仪式。与我们不同的是，溪上村小学升旗手是由本校的老师担任，参加整个升旗仪式的只有两名学生。然而在每周的固定时间，就是在这只有三名师生参加的升旗仪式上，五星红旗都会伴着稚嫩的国歌声，飘扬在操场的上空。

出生在 21 世纪的我们，是一群幸福的孩子。无论是冒雨晨读的青年毛主席还是那场只有三名师生参加的升旗仪式，都启迪着我们这些小小少年要从小养成热爱学习的优良品格，以及热爱祖国的高尚情操。这是一个人做人做事的根本。身怀凌云志，心中有国家。

身边的同学们，你能否放下手机、平板电脑，关掉游戏，静下心来读一本喜欢的书？请迈开你的步伐，强健你的体魄。记得学校组织我们观看《厉害了，我的国》纪录电影，中国路、中国网、中国桥、中国港、中国车不断刷新着世界纪录。我们国家是怎么做到这些的呢？是因为知识的力量。

作为新时代的少年，我们要继承和发扬革命先辈的红色精神，从点滴言行做起，逐步养成热爱学习、团结互助、诚实守信、热爱运动的好品行，努力成为一个品德高尚的人。

我立志：缅怀革命先烈，传承红色精神，争做新时代好少年。

（辅导教师：刘伯艳）

奥运宝宝眼中的新农村

北京市昌平区平西府中心小学五（2）班　王思睿

我是一个奥运宝宝，听妈妈说，我满月那天，正好是奥运圣火在村子里传递的那天。这可是唯一一个传递过奥运圣火的村庄。说到村庄，我还是有些不太习惯，为这个我还跟妈妈辩论过。

记得有一天，妈妈兴奋地拿出一张纸，上面写着一些我不认识的字。妈妈对我说，这是你的入学通知书，从现在开始你就是郑各庄小学的一名小学生啦。这好像是我第一次听到"郑各庄"这几个字。

我问妈妈："郑各庄在哪儿？"妈妈笑着说道："郑各庄就是咱们生活的这个村庄呀。"我满脸疑惑，这里不是叫宏福苑小区吗？怎么成了农村啦。因为我去过农村的亲戚家，跟这里一点都不一样。这里有高楼、公园、超市、电影院……这儿怎么可能是农村呢！

妈妈说："这里是社会主义新农村。"从那以后，我的小脑袋里就有一个疑问：既然这是新农村，那么，那个旧农村去哪儿啦？它长什么样儿？

后来，我经常问来接我放学的姥爷，郑各庄村以前是什么样的？姥爷说得最多的一个字就是"穷"。我真的不理解什么叫穷。把姥爷问烦了，姥爷就说："穷就是你想吃什么、穿什么、玩儿什

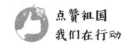

么都没钱。"

"没钱！那就是您的责任了，您为什么没钱？难道您年轻时没有好好工作吗？您不努力工作当然挣不到钱！您没钱就不能满足孩子的需求。"难怪妈妈经常对我说，要好好珍惜。妈妈小的时候喜欢画画，却连一盒水彩笔也买不起。原来这些都是因为姥爷没钱！

对这些往事我的确难以理解，但这也不能怪我，因为我从小就生活在环境优美的宏福苑小区，爸爸妈妈每天认真工作，让我过着衣食无忧的日子。

每到假日，爸爸都会开车带上全家去旅游。他不带我去大河名川，而是去农村。每次看见那些低矮的小房子，走在坑坑洼洼的小路上，姥姥、姥爷就会特别激动地说："你看这儿跟咱们村以前一样。""你看那个学校，多像闺女小时候上的学校。"

一开始，我还觉得挺新鲜的，但这种心情马上就被脚上不小心踩到的羊粪给整没了。这些还可以忍受，但是有些村庄的厕所却不太干净、卫生。记得第一次在一个小村庄里上厕所，我往里一探头就立马跑了出来，妈妈好像早就知道了结果，看着我狼狈逃窜的样子竟和爸爸一起大笑起来。姥爷说："农村都这样，将就点吧。"我说："才不是，我们家也是农村，我们那儿环境多美呀，多干净呀。"

只听妈妈说："当然啦，咱们郑各庄村是北京最美的乡村之一，也是全国最具魅力的乡村之一。但是，孩子，你要记住和知道，天上不会掉馅饼，幸福都是奋斗出来的。"我当然知道，学校的老师们教育我们说："幸福和美好未来不会自己出现，任何好的成绩的取得都离不开付出和努力。""我现在是学生，要好好学习，将来为国家作贡献!"爸爸对我竖起了大拇指:"说得没错,少年强则中国强。闺女,好样的,有志气。"车子在山村小路上颠簸前行,这让我更加想念我们学校门前的那条路。

我们学校门前的路叫宏福大道。它传递过奥运圣火,接待过世界友人。每次我背着书包走出学校的大门,都要站在这条宽宽的、平平的路旁仔细地看上一会儿。姥爷在旁边一再地催促我:"快点回家写作业",我这才恋恋不舍地离开。这条路好美呀!可是,每当我和姥爷说起这条路的时候,不知道为什么,姥爷的眼眶就会变得湿润起来。

那天,我又兴致勃勃地说起了这条路,姥爷沉默地看着我兴奋的小脸儿。我轻轻地攥着姥爷的手问:"姥爷您怎么了?"

姥爷慢慢地低下头看着我说:"孩子,你妈妈上学的时候走的也是这条路,那是晴天一身土,雨天两脚泥啊。你们赶上了好时代,改革开放40年,咱们村的带头人带着大伙儿跟党走,撸起袖子加油干,才有咱们今天的美好生活呀!俗话说,'前人栽树,后人乘凉'。今天,我们享受着改革开放、国家富强带给我们的安定、美好、幸福的生活,孩子,要心存感恩啊!"

我望着姥爷噙满泪花的双眼说:"姥爷,自从您和妈妈带我到昌平革命烈士陵园,告诉我纪念碑上那个叫'李万和'的烈士就是您的大哥时,我就明白了。您放心吧,您和妈妈已经帮助我'扣好了人生的第一粒扣子',我一定会心存感恩,努力学习,长大为国家多作贡献!"

(辅导教师:徐 戈 王酉川)

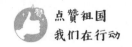
母 亲 的 信

北京市密云区第三小学六（4）班　邹玥堃

1936 年 8 月 2 日，一位年仅 31 岁的母亲，在被日寇押赴刑场的火车上，给自己的儿子写下了一封遗书：

宁儿：

母亲对于你没有尽到教育的责任，实在是遗憾的事情。母亲因为坚决地做了反满抗日的斗争，今天已经到了牺牲的前夕了。母亲和你在生前是永远没有再见的机会了。希望你，宁儿啊！赶快成人，来安慰你地下的母亲！我最亲爱的孩子啊！母亲不用千言万语来教育你，就用实行来教育你。在你长大成人之后，希望不要忘记你的母亲是为国而牺牲的！

一九三六年八月二日

你的母亲赵一曼于车中

赵一曼是著名的抗日英雄，她是四川宜宾人，但却把最后的热血洒在了"红透三尺"的东北黑土地上。

赵一曼牺牲的时候，"宁儿"年仅 7 岁，寄养在大伯家的他还不知道，母亲已经永远地离开了。当我从书中看到赵一曼烈士的故事时，我正靠在妈妈温暖的怀抱里。正当"宁儿"牙牙学语、不知是否会叫一声"妈妈"的时候，母亲便含泪将他寄养，只留下一张怀抱幼子的照片；正当"宁儿"蹒跚学步、跌跌撞撞地迈着步子探寻这个世界时，母亲正战斗在艰苦卓绝的东北前线，成为让敌寇心惊胆战的"挎双枪、骑白马的密林女王"；也许当"宁儿"刚进入学堂、开始学习写下"母亲"这两个字的时候，母亲已负伤被俘，受尽酷刑而不屈服，平静地面对死亡。

母亲的信是写给儿子的，更是写给中华民族的。正如《红旗飘飘 引我成长》中所写到的，在那段漫长的黑夜中，无数英雄义无反顾地跋涉在寻求民族复兴的道路上。他们是英雄，是我们这个民族的脊梁，但他们同样也是父亲、母亲、丈夫、妻子、儿子、女儿……他们用血肉之躯和民族之魂把不可割舍的亲情铸成了人间大爱！

今天的我们，生活在这个伟大的时代。和平对我们来说犹如空气和阳光，受益而不觉。赵一曼烈士的家书再次告诉我们：卑弱与退却乞求不来和平，强盛和进取才有能力捍卫和平！接过猎猎飘扬的红旗，我们稚嫩的肩膀终可以扛起祖国的未来。英雄的事业，我们继续！爱国的精神，我们传承！

直到 20 年后，"宁儿"才知道自己的母亲就是赵一曼。从那一刻起，对他来说，"母亲"已绝不是一个称呼、一张照片、一个不知音讯的存在，她是一颗耀眼的星星、一团熊熊燃烧的火焰，在历史的黑夜中照耀着中华民族前进的道路！

（辅导教师：崔　浩）

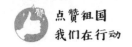

三代菜农　梦想不同

北京市第二实验小学平谷分校五（3）班　张　宁

　　尊敬的评委、老师大家好，我是来自北京市第二实验小学平谷分校五(3)班的张宁，今天我演讲的题目是《三代菜农　梦想不同》。

　　一看到这个题目大家就都猜到了吧？三代菜农是不是你们祖孙三代呀？您还真猜对了！我家住在太平庄村，从爷爷那代我们家就开始种菜了。到了爸爸这儿，我家的菜地不但规模大了，而且还都是温室大棚。各个季节的蔬菜应有尽有。我嘛，还真没想过将来接不接爸爸的班。可就在最近的一次家庭争论之后，我的观念转变了，萌发了做新时代菜农的新梦想。在这次家庭争论中，我还发现一个秘密，原来爷爷和爸爸都是有梦想的，只是我们祖孙三代的梦想不同。

　　为了让您听明白，我还是从那次家庭争论说起吧。这次家庭争论起源于我参加学校的"探秘古法种菜"活动。回到家，我兴奋地对爷爷说："爷爷，我今天去我们学校的实践基地了，我还采访了基地农业技术人员，就我们学校的那个基地，您知道吗？都是古法种菜，一点化肥都不施，一点农药、激素都不用，绝对纯天然，绝对美味！"可爷爷一点都不惊讶，淡定地告诉我："就你说的这个古法种菜，我早就会，而且一直这么做的。"然后，爷爷又看看我爸，很是不满地说："就你爸，早就把这老祖宗的好玩意儿都不要了。一天到晚打农药、打激素、施化肥，弄得那西红柿不是西红柿味，黄瓜不是黄瓜味，原本的菜味都没有了。""就您说这些，我耳朵都磨出茧子了，现在大家都这么弄，我再按您那老方法，那产量还不够咱家塞牙缝呢。"很显然，爸爸对爷爷的话很是不认可。

的确，通过学校"探秘古法种菜"的活动，我了解到爷爷所坚持的、用古法种出来的菜的"菜味儿"确实口感极佳。但是古法种菜都是纯人工劳作，种菜的人很辛苦并且菜的产量低。到了爸爸这一代，很多高科技解除了农民的辛苦：有专门给蔬菜浇水的喷洒器、有专门为植物施肥的机器，还有专门用来收获植物的大型机器。因为机器工作效率高、速度快，田地一年的收成比原来多50%呢！看来，爷爷追求的是品质，爸爸追求的是产量，难道这两者就不能兼得吗？我觉得在当今科技日益发展的时代，这个问题一定能解决。在《红旗飘飘 引我成长》"民族复兴"篇章中介绍的袁隆平爷爷，不就是运用高科技创造出打破世界纪录的超级水稻吗？

我信心十足地对爷爷和爸爸说："亲爱的爷爷、爸爸，我有了一个新梦想：我要努力学习，将来上农业科技大学，运用我所学的知识去研究如何将高科技与古法种菜的方法相结合，大规模、高产量种出有菜味儿的蔬菜，让更多的人都能吃上古法种出的蔬菜，你们觉得怎么样？"爷爷、爸爸同时为我伸出了大拇指。

我们是祖国未来的接班人，赶上了中华民族伟大复兴的新时

代。我相信，只要心怀梦想、努力学习，我一定会实现我们祖孙三代的梦想！我们每一个人梦想的实现，一定会助力中华民族伟大复兴中国梦的实现！

（辅导教师：张海燕）

2018

"红旗飘飘　引我成长"
主题教育读书活动
中学组

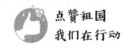

—— 一等奖 ——

牢记使命，勇敢拼搏

北京市潞河中学 初一（3）班　张芸嘉

　　寒假前，《红旗飘飘　引我成长》一书带着墨香来到校园，走进了我和小伙伴们的生活。书中的那些故事，如雷鸣般震撼了我们的心灵，似阳光般照亮了我们成长的道路。

　　那是寒假开始不久的时候，我和小伙伴们背起行囊，奔赴美国奥兰多世界中小学啦啦操锦标赛的赛场，代表中国参赛。

　　啦啦操已有100多年的历史，一直都是日韩两国的强项，这次比赛又在它的发源地美国举行。而我们队开展这项训练才仅仅1年多。谁都知道这压力该有多大。

　　排练厅里，对手们优雅的芭蕾手型、奔放的现代舞步，高难度的托举、空翻、抛接、腾跃等动作，令人叹为观止。多元化的表演已让我们目不暇接，而那热情、张扬、充满青春活力的强大气场在令人亢奋惊艳的同时也增加了我们的焦虑。大家心里都明白，对手实在是太强大了。

这天傍晚，奥兰多下起了小雨，淅淅沥沥的，滴滴都敲在我们的心头。小伙伴们不约而同地集中到我的房间。

"唉呀，她们怎么那么棒呀？"不知是谁打破了沉默，大家的目光"唰"的一下，都投向我这个队长，似乎在问："我们怎么办？"

我思索了一下。"还记得方志敏、杨靖宇的故事吗？还记得钱学森、邓稼先的事迹吗？"我迎着她们的目光问道。她们一愣，马上明白了。"记得，当然记得。""想想他们，就知道我们该怎么办了。"

小伙伴们的脸上露出庄严凝重的神情。虽然没有再说什么，但我知道此刻她们一定和我一样，思绪已是波涛汹涌：方志敏烈士"可以无愧色地立在人类面前"的强国渴望、邓玉芬送六位亲人抗日的爱国情怀、陈树湘将军宁死不屈的铁血壮烈、杨靖宇战斗到最后一息的英雄气概，不正是我们应该继承的民族精神吗？义无反顾回国的钱学森、为国担当的黄大年、鞠躬尽瘁的焦裕禄、死而后已的林俊德，不正是我们奋发图强最好的榜样吗？

第二天，奥兰多雨过天晴。放弃了城市观光，我们来到空旷的训练场上。

8点、9点、10点……

一遍、两遍、三遍……没有人说过一个"苦"字，没有人喊过一声"累"，大家都憋足了劲：不畏惧，不放弃，力争做到最好！

就这样，我们带着拼搏到最后一刻的信念，迈着坚定的步伐，走向赛场……

那是我们建队以来最灿烂的一次展示。我们的精神风貌、我们

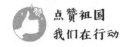

的中国特色，令对手们为之惊叹，令评委们起立鼓掌！我们创造了奇迹，获得了一枚金牌、一枚铜牌和团体第四名！

仰望冉冉升起的五星红旗，我们热泪盈眶！是你，给了我们坚定的信念；是你，给了我们克服困难、实现梦想的勇气和力量！

《红旗飘飘　引我成长》是一本好书。它让我们懂得了五星红旗所蕴含的深刻含义，懂得了什么是责任和担当。我坚信，五星红旗所代表的精神，会时刻激励着我们健康成长，并将引领我们，紧紧跟随习近平总书记，为实现中华民族的伟大复兴而勇敢拼搏！

谢谢大家！

（辅导教师：鲍志军）

—— 二等奖 ——

我的"出国"风波

北京牛栏山一中实验学校初二（19）班　夏童童

当我读完《红旗飘飘　引我成长》这本书时，我的眼泪情不自禁地流了下来。无数仁人志士为了中华民族的崛起和复兴所作出的贡献深深地打动了我。我很喜欢这本书，因为它还帮我平息了一场"出国"风波呢。

记得一天傍晚我放学回到家，只见妈妈难掩兴奋地告诉我："童童，童童，恭喜你能移民美国了！到美国后啊，你会投靠在纽约的表叔，然后会上一所世界闻名的大学，毕业后直接进一家国际的大公司，拿不错的薪水，过富足的生活……"妈妈已经开始憧憬我在美国的光明未来了！而我却冷漠地告诉她："你都计划好了？但我是不会去美国的！"说罢我便转身进了房间，"咣"的一声关上了门。听见客厅里妈妈生气地说："这孩子是怎么了？这么好的机会她都不珍惜，我们费了多大的劲啊！"爸爸也说："这孩子真不懂

事!"我躲在房间里，委屈地流下了眼泪。

第二天上学，我难过地向同学们倾诉，没想到的是，他们竟然都在责怪我！我最要好的朋友莹莹说："你傻呀，这机会谁不想要？在中国念书就要高考，那高考残酷得像过独木桥似的，而在美国轻轻松松就能上个好大学啊！"我说："可我舍不得我的父母啊！"莹莹说："你舍不得他们，他们也舍不得你呀，可这一切还不都是为了你以后能过上更好的生活吗？再说了，你昨天对他们说的话，得多伤他们的心啊！"我沉默了，她说的没错，父母都是为了我好，而我却这么不近人情，我不由得有些动心了。

就在我举棋不定、万般思忖的时候，老师让我们读《红旗飘飘 引我成长》这本书，其中我读到了钱学森回国的故事。

1955 年 10 月，钱学森冲破重重阻力回到祖国，对我国的导弹事业提出了长远规划。此后十几年，他将自己的知识和智慧全部奉献给了祖国和人民，开创了举世瞩目、石破天惊的国防事业。当美国记者问他为何执意回国的时候，他答道："科学是没有国界的，但科学家不能没有自己的祖国。"

钱学森毅然放弃美国优越的条件回到当时百废待兴的新中国，这样的爱国情怀和以身报国的信念深深地打动了我。我决心也要向他学习，留在祖国，好好学习，立志报国！

我回到家后心平气和地和父母促膝长谈，告诉了他们钱学森的故事，并表明了我的态度：我，夏童童，永远心向祖国，甘愿为祖国奉献绵薄之力，虽然不能和钱学森先生相比，我立志报国的信念却也无比坚定。父母听了我的话后既欣慰又无奈，见我如此坚持也就不强求我了。

前不久，电影《厉害了，我的国》上映，我拉着父母去电影院看了这部电影，看到一座座中国桥架通各地，一列列中国高铁贯穿全国，国产大飞机翱翔长空，中国"天眼"傲视苍穹……我由衷地为我的祖国而骄傲，也更加坚定了我留在祖国、立志报国的信念！这正可谓"此生无悔入华夏，来世还生中华家"！

谢谢大家！

（辅导教师：郭　健）

红旗飘飘　我在成长

北京市昌平区第一中学初二（3）班　程子豪

当五星红旗高高飘扬在祖国大地上，你是否为她而骄傲？她的颜色愈发鲜红，你是否知道，那是无数志士仁人的鲜血染成的？

你是否记得？2001年4月1日上午9时，一架编号为81192的中国歼-8Ⅱ战斗机腾空起飞，驱逐入侵中国南海领空的美军间谍侦察机——EP3电子侦察机。相对于EP3电子侦察机，这架编号81192的歼-8Ⅱ战斗机显得那样的坚毅！即使EP3电子侦察机一再挑衅、紧逼，可是歼-8Ⅱ战斗机飞行员王伟依旧没有退后一步，因为他深知，后面便是祖国！军人的荣誉不容亵渎！中华人民共和国的尊严不容侮辱！如果退一步，身后的祖国便多一分危险。

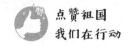

为了能紧贴、驱逐低速飞行的美军侦察机，原本设计用来高速作战的歼–8Ⅱ战斗机不得不轻抬机头在晃动中稳定机身。王伟深深地知道，这样做是万分凶险的。然而，他别无选择！也正是这样危险的动作，最终让战机在碰撞中坠毁。飞行员王伟下落不明，他的生命定格在了 2001 年 4 月 1 日。

青山忠骨，碧海英魂。

他那时才 33 岁啊！他有着一个幸福的家庭、一个美丽的妻子、一个可爱的孩子。他是一个父亲、一个丈夫，他还是一个军人！国家的尊严被维护了，他却血洒长空，五星红旗因他而更加鲜红……

王伟所在的部队仍然铭记，81192 战机坠入大海的那一刻，它已化作一幅图腾！就是这种图腾精神，带来了中国国防的涅槃重生。在经历多年的艰苦奋斗之后，您所在的海航 9 师早已今非昔比！中国海军战力飙升！您看！中国南海大阅兵展示的 48 艘战舰、76 架战机，全部是 21 世纪的最新型！南海上空有歼–11B，还有航母舰载机部队的歼–15 接您的班了，王伟少校回来吧！航母舰载机部队欢迎英雄的回归！

17 年了，您的孩子已经长大成人，并且进入了您生前所在的部队，好像一个轮回正在重新开始！我们理解您牺牲的意义！我们也深深地明白："一个有希望的民族不能没有英雄，一个有前途的国家不能没有先锋！"我们"00 后"的青年要做国家的先锋，成为社会的栋梁之材！

我生在小康之家，长在新时代。我们是幸运的，因为在最美好的青春年华，我们目睹了祖国日新月异的变化！我们是幸运的，因为是那些千千万万的像王伟烈士一样的人在保护着我们，使我们摆脱被侵略者铁蹄践踏的命运！

又是星期一早上的升旗仪式，当国旗与朝阳一齐升起的时候，她红得是那么的鲜艳！我望着耀眼的国旗，高唱国歌，眼前不禁浮现出无数英雄的形象，他们抛头颅、洒热血，用自己的生命捍卫着祖国的尊严。虽然硝烟弥漫的战火已离我们很远，但是，五星红旗——我们的国旗、中国的象征，引领着我们新一代中国人继续前进！

（辅导教师：司炳卓）

我为祖国点赞

清华附中朝阳学校初二（9）班　蔡羽卿

"起来！"随着一阵高亢的歌声，五星红旗冉冉升起。面对这鲜艳的五星红旗，我仿佛看到了先烈们奋勇抗敌的身影，他们用鲜血染红了这面旗帜，迎来了祖国光明的前景。

70年前，中华民族用热泪与热血的奔流，结束了苦难而悲壮的历史，铸就了坚强不屈的脊梁。我们自豪，我们骄傲，我们为有一个坚强的祖国而歌唱。

从古至今，爱国之情一直流淌在中国人的血脉当中。屈原遭遇放逐之时，仍心牵楚国的安危，当楚国都城郢被攻破时，他忧愤地

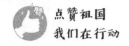

自投汨罗江；蔺相如为了国家的利益，主动避开廉颇的挑衅。蔺相如曾说："吾所以为此者，以先国家之急而后私仇也"；鲁迅为了救国救民，选择去日本学医学，又为了疗救民族的灵魂，最终放弃医学从事文学；刘和珍、张静淑、杨德群等为中国的前途毅然向政府请愿，但最终她们英勇牺牲了……这些都是先辈们爱国的表现。

而我们的祖国正是因为无数中国人的奋勇拼搏，才有了今天在灿烂的阳光下闪动的光彩。

2018年是抗日战争胜利73周年，历史永远不能被遗忘，功勋永远不会被磨灭！祖国在强盛！中华民族在复兴！这一刻，我深深感到，我们不仅是历史的见证人，更是历史的缔造者！

"我们万众一心，冒着敌人的炮火，前进！冒着敌人的炮火，前进！前进！前进、进！"歌声戛然而止，在蔚蓝的天空下，鲜艳的五星红旗随风舞动，在高空强有力地飘扬着。我欲放声高呼："伟大的中华民族万岁！伟大的中国共产党万岁！伟大的中国人民万岁！"

（辅导教师：秦佳林）

我的梦，中国梦

北京市怀柔区第五中学初二（5）班　董培伦

我们伟大的祖国正处在日益迅速发展的阶段。五星红旗在空中飘扬，显得愈发鲜艳。如今的中国人生活富足、平安、和乐，不用担心温饱问题和人身安全问题。这一切的美好生活，都是那些令我们敬佩的、光荣的共产党员们带领全国人民为我们费尽千辛万苦争取来的。在《红旗飘飘　引我成长》一书中，我认识了坚贞不屈的方志敏、英雄母亲邓玉芬、铁血将军陈树湘等英雄豪杰。

　　而我也曾经参加过爱国主义教育活动。那次，我校组织部分学生去天安门广场上的人民英雄纪念碑前站岗。这是一次多么光荣、多么令人自豪的活动啊！我毫不犹豫地接受了这项任务。为了像解放军叔叔那样可以用正确的姿势站岗巡逻，我特意去网上学习了如何以庄重的、严肃的姿势行走，又练习了标准的站姿。那天，我站在人民英雄纪念碑碑身旁，碑身上的浮雕反映出了中国历史上的八个重要事件，用大理石做成的白色栏杆也令人心生敬意。我戴上了洁白的手套，左手紧握旗杆，坚定沉稳地走到了人民英雄纪念碑面前，干净利落地转身，右手紧贴裤线，挺胸抬头，目视前方，眼神坚定。面对着天安门，我心中又一次涌现出了对英勇牺牲的烈士的敬佩之情。回忆着先烈们的英勇故事，回想起近代以来中华民族屡受压迫和欺辱的历史，一簇热火便在我的心中燃烧起来，我咬紧牙关，双手似乎有着用不完的力气！面对壮烈牺牲的先烈，我的眼眶渐渐湿润了，我在心中自觉地开始反思："先烈们牺牲的意义是什么？我如今的表现是否让他们满意呢？他们又是否会因此后悔呢？我们长大后能否按照他们所期望的那样报效祖国呢？"

　　时间过得很快，两个小时转瞬即逝，而我的体力却愈发充沛，我的心情也愈发激动，我对祖国的热爱、对先烈的敬意越来越强烈！现如今，在祖国的保护下，我们得以茁壮成长，为的是有朝一

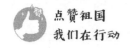
日能够为祖国献出自己的力量。为此，我目前能做的是努力认真地学习知识，充实自己，塑造自己。这样，才能在长大后报效祖国，成为对国家有用的人！

中华民族上下五千年的历史好似一盘棋：我们曾经失败过，我们曾经沉睡过，总有人趁着我们不注意时打翻了棋盘。然而我们并不气馁，我们与古巴比伦下过棋，与古埃及下过棋，与古印度下过棋。这五千年来，我们的对手一直在更换，而我们的历史却从未中断！作为中学生的我们只有努力学习，努力奋斗，才能帮助祖国下好这一盘长久且精彩的棋！这也正是我的梦，是我们全中国人民至高无上的梦！

（辅导教师：吴　夕）

坚守梦想和信念

北京市房山区石楼中学　朱海旭

中华民族，一个有梦的伟大民族。中国人民怀揣着中华民族伟大复兴的中国梦而不断强大自己。

一百多年前，我们的祖国经历着无法想象的苦难，那时人们的梦想就是保卫祖国，抵御一切侵略者！

在那些风雨交加的岁月，中国正在漫长的黑夜摸索，刚点亮一盏灯，几经沧桑，灯却又熄灭了。这时，一颗明亮的星星升起，那就是中国共产党！中国共产党人开始了寻求中华民族复兴的道路，可那是怎样的一条坎坷之路呀！血雨腥风中，多少无名的革命战士用鲜血展现出了中华儿女的傲骨，多少青年"明知山有虎，偏向虎山行"。我常常会想，无数的先辈们能做到这些难以想象的、艰苦卓绝的伟大壮举，支撑他们的又是什么呢？我从这样一位革命烈士的事迹中找到了答案。他叫方志敏，在他刚入党时，他就说道："从此，我的一切，直至我的生命都交给党去了。"在对敌战斗中，他履行了誓言：他被敌人围困在山里，可惜寡不敌众，被敌人抓去。在监狱里，面对敌人的百般诱惑和严刑逼供，他正气凛然、斩钉截铁地说："宁为玉碎，不为瓦全，为革命而死，虽死犹荣！"这就是我们的先辈们，他们舍弃了自己的利益，甚至舍弃生命，为的就是心中的信念！任何艰难险阻在他们面前，都是微不足道的！

终于，1949 年 10 月 1 日，毛泽东主席庄严地宣布："中华人民共和国成立了！"

我们胜利了，振兴中国的梦想实现了！而后，我们又该做些什么呢？"中国梦"三个字不禁浮现在我眼前。我们不仅要保卫祖国，更要让顶天立地的中华民族复兴！实现中华民族伟大复兴的中国梦即是我们的目标。而我们又该怎么做呢？这离我们遥远吗？其实，当代中国有无数平凡的人们在用他们不平凡的足迹创造一个又一个伟大的壮举，他们就在我们的身边。

他，每天行走崎岖不平的山路 12 公里；他，整天穿梭在高山峻岭之中；他，用脚步踏遍了森林的每一个角落。他是赵品才，用了自己半辈子的时间换来了一片绿色。在他的努力下，他所管理的

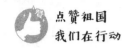

森林从未发生过一场火灾。这就是一个普通的护林员！他坚守自己的信念，把事情做到底，做到极致。我突然意识到，如何实现中国梦？忠于梦想、坚守信念、做好每一件事，就能让梦想之花绽放！

历史告诉我们，每个人的前途命运都与国家、民族的前途命运紧密相连。国家好，民族好，人民才会好。实现中华民族的伟大复兴是一项光荣而艰巨的事业，需要一代又一代中国人共同为之努力。空谈误国，实干兴邦。我们作为学生，先要学习知识。一个方程也许暗藏着无限奥秘；也许它的背后，就是一艘艘火箭的升空。学习不是天赋的斗争，而是汗水的比拼！为了实现我们的梦，我更要发奋图强。我们的这些困难与先辈们相比，还算得了什么。从古至今，从保卫家园到建设祖国，正是那么多坚守梦想的人经历了无数苦累，才换来了我们今天的幸福生活。

带着坚定的信念，我开始了逐梦的学习之路。是的！学习真的很枯燥乏味。但每当我面对繁重的学业任务累得躺在床上时，每当我想在课上用书本挡住我疲倦的身体时，每当我放下书本、拿起手机时，我竟会有一丝犹豫，慢慢地，犹豫变成了愧疚，而后那难以抑制的惭愧燃烧成一团信念之火！那就是我的梦！中国梦！责任让我重拾斗志！我会记起我曾经说过的豪言壮语，我会忆起我的初心，我更会牢记梁启超先生的呐喊："少年强则中国强！"

眼观当下，我不再因为懒惰而疏于温习功课；不会因手机的诱惑就潦草地完成作业；不会为一时的失利就迷茫颓废。因为我知道，梦在自己的脚下！

"恰同学少年，风华正茂！"如今，中国梦的接力棒传到了我们的手里，让我们的青春飞扬在逐梦的路上，让我们脚踏实地地做好身边的每一件事。遇到困难，顽强拼搏。让我们坚守梦想与信念，书写无愧于时代的青春之歌和精彩人生。

（辅导教师：穆　娜）

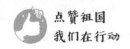

—— 三等奖 ——

白 桦 林

北京市丰台区十二中科丰校区初二（11）班　董睿瑶

阴暗的灯光、灰白的照片、一张张肃穆的面孔，都围着中间的一片白桦林，在听那遥远的故事，在翻阅那厚重的历史……

这是我第一次参观中国人民抗日战争纪念馆。进入东北抗联展厅，那一张张照片、一件件武器，都曾染上斑驳的血迹。面对着白桦林，我驻足凝望，这是东北的白桦树？这就是课本上描述的美丽的、银白的、挺立的白桦树吗？在这片白桦林中，曾有过怎样的战斗？曾有多少战士抛洒过自己的热血啊！

看，为了不暴露行踪，在零下几十摄氏度的严寒中，英雄们不生篝火，他们呼出的气在寒冷的天气中凝成薄薄的白雾，一片氤氲迷蒙。他们用带着厚厚老茧的双手，抚摩着几支拼凑来的枪，那是用来对抗机枪大炮、帮他们冲锋陷阵的唯一武器，而今都静静地躺在展柜中。这边有几张照片，先辈们的容貌定格于此，有的人脸上坚毅中带着悲愤，那是在民族危亡之际的冲冠一怒；有的人脸上露出发自心底的微笑，那是对战胜侵略者的坚定信心和对美好生活的向往与热爱。在他们的身上，找不出丝毫的奴颜与媚骨，他们的表情之中没有丝毫的贪生与怕死。

听，那是赵一曼在生命的最后时刻给儿子留下的家书：

母亲对于你没有尽到教育的责任，实在是遗憾的事情。

母亲和你在生前是永远没有再见的机会了。希望你，宁儿啊！赶快成人，来安慰你地下的母亲！

我最亲爱的孩子啊！母亲不用千言万语来教育你，就用实行来教育你。

在你长大成人之后，希望不要忘记你的母亲是为国而牺牲的！

在这封家书单薄的纸页背后，有着多少作为母亲的无奈和作为一位中国人的坚定与愤慨！

在被枪决之前，赵一曼被日本侵略者押出黑暗的牢狱。阳光照在她许久未呼吸过新鲜空气的皮肤上，照在她苍白的带着血痂的脸上。在她的背后，日本侵略者用刺刀抵着她的肩膀。风吹动树林，树叶沙沙作响。她慢慢地、慢慢地向前走着，一步又一步，沉甸甸的脚步踏进人心底。空气仿佛凝滞，一切悄无声息，只能听见赵一曼身上镣铐碰撞的叮当轻响。她的眼里毫无畏惧，再一次唱起抗联战士们常唱的《红旗歌》："民众的旗，血红的旗……"鸽子在一瞬间飞了起来，她的身影在风中缓缓地倒下，激起一层轻薄的尘埃，尘埃随赵一曼烈士的歌声在空中弥散开来："尸体还没有僵硬，鲜血已染红了旗帜……"

31岁的赵一曼离开了家人，留下了血染的风采。

东北抗联的英雄杨靖宇，也是这白桦林中秀丽的一棵白桦树。在东北寒冷的冰天雪地之中，他始终坚持与日寇作战，坚贞不屈。在所有的存粮点都被敌人发现的情况下，他毅然钻进深山中的白桦林，带领军队左冲右突、日夜奋战。在敌军的重重包围下，他果断决定，仅在身边留下两名警卫员，吸引敌军注意，掩护受伤的战士们进行转移。几天后，两名警卫员在下山寻粮时遇害，他独自一人饿着肚子与敌军周旋了整整五天。日寇估算，杨靖宇缺粮已达半月。他能在这样天寒地冻、腹内空空的情况下坚持下来，实在是一个人间的奇迹！最后，他的行踪暴露，敌人一拥而上抓捕时，他依然拼尽全力灵活得像一只雪兔一样与敌军搏斗，但终于还是倒在东北皑皑的白雪中。敌人剖开他的胸腹，想要一探他如何在饥饿环境下支撑这么久的原因，可在那腹中看到的只有草根、树皮和棉絮。这种坚贞不屈的精神令敌人都惊叹不已。这是位顶天立地的英雄，在这位英雄的骨血里，有着中华民族的魂魄！见证这一切的白桦林啊，你承载着英雄的史诗！

飘飘飞雪，是烈士陵前祭奠的鲜花；幽幽白桦林，是中国人民不屈的脊梁。

纵观历史，中华民族具有百折不挠、威武不屈的精神。在民族危亡时刻，我们总能万众一心，用血肉之躯，捍卫祖国的尊严。而今，作为炎黄子孙的我们，又有什么理由不努力学习，有什么理由不奋力拼搏，有什么理由不珍惜幸福。先辈们，放心吧，我们会接过你们梦想的接力棒，完成你们未了的心愿。

离开展馆之前，我感慨万千，回头望了一眼那片白桦林。一棵棵白桦树经过风霜血雨的洗礼，更加苍劲挺拔，树皮泛出银白的光晕。一阵风吹来，吹得树叶沙沙作响，吹到每个人的心底，使人在寒冬中顿生暖意……

（辅导教师：李秀玉）

红旗驻我心，梦想正飞扬

北京市大兴区第七中学初二（4）班　张婧怡

每当我眺望着鲜艳的五星红旗冉冉升起，每当我听到激昂的国歌澎湃奏响，每当我翻开这本书——爸爸送给我的《红旗飘飘　引我成长》的时候，战场的硝烟、世纪的变换、抛洒热血的英雄，都会给我以震撼和折服的感受。

曾记否，15年前酒泉那仿佛劈开天地的光剑？"神舟五号"的升空使酒泉一霎那变成了最璀璨的一颗星。震耳欲聋的声音，如拔地而起的山峰猛然降临，像山崩，像海啸。那声音震颤苍穹，伴随着烈焰升腾，划破秋日的长空。这一刻，全中国的人民沸腾了，那耀眼的火龙，写着中国人的科技梦，冲上太空。纵三千里河山，亦五十载追梦，中国正走向繁荣富强。此时再读这个故事，我依然按捺不住心中的激情。科技梦，是每个少年心中的梦。

掩卷而思，凭栏远眺，可以看见，在我家的不远处，一座由钢

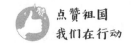

与铁构成的框架正逐渐成形——北京大兴国际机场，这也是我的梦想启航的地方。爸爸驱车带我来到近处，给我讲解新机场建造的不易，这也是汗水种下的花朵。我的爸爸亲身参与了新机场的建设，又把他对新机场的热爱之情传递给了我。从空中俯瞰，新机场正像一只烈火中展翅待飞的凤凰，"曾将弄玉归云去，金翯斜开十二楼"。"凤凰"那绚丽的火红色尾羽、傲视天下的姿态，仿佛能够喷射出冲天的火焰划破天际。多少科研人员的付出、多少像爸爸一样的劳动者的卓越奉献，才凝聚成了这朵滴滴汗水浇灌出的惊艳花朵。爸爸拍着我的肩膀说："15 年了，从'神舟五号'的成功发射到新机场的即将建成，我们离梦想越来越近。爸爸把书送给你，希望你心里种下一颗科技梦的种子、中国梦的种子。"

我告诉爸爸，五星红旗一直飘扬在我心中。我为书中的故事所震撼和感动，英雄的品质早已融入我的血液。曾记否，多少个夜晚，纵使华灯初上，我依然奋笔疾书，在化学方程式的海洋中遨游；曾记否，多少个午后，艳阳高照下，我仍然专心致志，在物理实验室的各种器材中拼搏。还记得那次，为了做高锰酸钾制氧气的实验，我在实验室整整待了一个下午，几次、十几次……我分别记录每次实验不同的效果。"咕嘟咕嘟……"连续不断的气泡冒出，终于结束了，我小心翼翼撤下导管，如拿取古董一般将其轻轻放回木架上。氧气进入了集气瓶。室外的阳光透过玻璃，发出暖色的光束，金色的光芒刚好照在试管口上，折射出的光却并不刺眼，映得我的眼前红彤彤的一片，仿佛五星红旗飘展在我的心中。

为中华之崛起而读书！为中华科技梦想而读书！一颗小小的种

子早已在我心中深埋、破土、发芽、开花——纵使穿越荆棘，我也要探索真理的奥妙。

看今日之大兴，绿海瓜田之外，凤凰展翅，正待翱翔；览今日之祖国，科技发达，巨龙昂首，雄劲矫健。每个少年心中的热血都会沸腾，每个少年的心中都会奏响铮铮作响的乐曲。"少年智则国智，少年富则国富，少年强则国强"。愿像我一样的中国少年，迎着五星红旗飘展的方向，担负起国之重任，坚定方向，勇敢前进。"美哉我少年中国，与天不老！壮哉我中国少年，与国无疆！"

（辅导教师：商　瑜）

成长与信念

首都师范大学附属中学永定分校高一（2）班　李佳欣

"同学们，谁愿意参加艺术节朗诵比赛?""老师，我想试试!"于是，我的新的学习之旅——艺术节朗诵开始了。

老师听了我朗诵的《雨巷》后，鼓励我去参赛。

说实在的，自从小学毕业以后，我就没再参加过类似的比赛，内心有些激动，也有些忐忑。

要找一首适合自己又可以释放感情的诗。网页刷了一遍又一遍，我搜索的诗歌不是太短，就是不适合我这个年龄，真是纠结呀！眼睛操练"对影成三人"，肚子抗议"饥肠响如鼓"，却还是"山

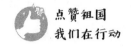

重水复疑无路",我的"柳暗花明又一村"在哪儿呢？最终，从老师备选的诗歌里，我果断选中了席慕蓉的《回眸》。我长出了一口气，如释重负，"万事俱备，只欠东风"——练习。

第一次练习，老师先整体分析了一下这首诗的情感。然后就开始一句一句地分析了，断句、重音、眼神、动作……一个个问题都需要讨论，还得背熟作品。我好似狗熊掰棒子，掰了这根，又丢了那根。我的脑袋也开始有点大了，听力和记忆力都不够使了，整个人都不在状态了。我在电视上看别人朗诵，觉得挺简单的呀！"台上一分钟，台下十年功"，真没想到啊。我是继续呢？还是放弃呢？我心里特别纠结。

回到教室，我的脑子一会儿一片空白，一会儿一片混沌，我真的不行吗？我就不信这个邪了，问题出在哪儿呢？难、难，难道比当年红军长征还难吗？我想起了这几天刚读过的一本书——《红旗飘飘 引我成长》。红军战士为着理想，不怕饥饿，不怕寒冷，跨越万水千山，征服千难万险，完成了伟大的长征，给我们留下了勇往直前的长征精神。飘扬的红旗、铿锵的誓言、嘹亮的战歌，震动着我的耳膜，浸润了我的双眼。我俨然置身其中。红旗飘飘，引领着我砥砺前行。

我重新拿起了诗稿，心里暗自下定决心，一定要像红军长征那样努力克服困难，达到自己的奋斗目标。之后，每次找老师练习时，我都仔细观察老师的表情动作，认真聆听老师的讲解、分析。傍晚，同学们在夕阳下的操场漫步、嬉戏，我却像孤独的小羊一样，在空旷的报告厅给200多个座椅吟诵。晚上回到宿舍后，室友已经进入甜美的梦乡，我却像一只丑小鸭一样拿起稿子，静静地读着。周末回到家，在享受着燕儿归巢般感受的同时，我回到自己的房间里，拿出稿子，看着老师做的标记，默默回忆着练诗的过程，不禁读出了声，投入了自己的全部感情，认真练习着。

在门头沟区艺术节朗诵比赛中，我获得 94 分的成绩。这个成绩对于经过长期训练的选手来说，可能不值一提，但对我来说，却是给了我鼓励，让我更加自信。

更重要的是，我认识到坚定是一种信仰，执着是一种态度，幸福都是奋斗出来的。2017 年五四青年节来临之际，习近平总书记来到中国政法大学考察时曾勉励当代青年要树立与这个时代主题同心同向的理想信念，勇于担当时代赋予的历史责任，在激情奋斗中绽放青春光芒。作为青年学生，我要顽强奋斗、艰苦奋斗、不懈奋斗，把自己融入到实现中华民族伟大复兴的中国梦的实践当中，展示出最充实的、最有价值的精彩人生。

（辅导教师：杨青泉）

昂首阔步　努力进取

北京市密云区高岭学校八（1）班　胡宗健

当我拿到《红旗飘飘　引我成长》这本书时，首先映入眼帘的是封面上的五星红旗和党旗，让我有种油然而生的敬畏感！而当我

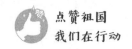

看到封面上"伟大的复兴之路"这七个字的时候，心中更充满了无限奋进的力量！

听爸爸讲，现在用的火柴，过去叫"洋火"；现在用来洗脸的香皂，过去叫"洋胰子"；现在铺路用的水泥，过去叫"洋灰"；等等。很多物品前都多了一个"洋"字。

大家可以问问我们的长辈，我说的这些往事，无论是对于个人和家庭而言，还是对于国家民族而言，那都是一段辛酸而又刻骨铭心的记忆。为什么这些东西名称的前面都要有一个"洋"字？是因为，那时的中国积贫积弱，就连这些今天看起来毫不起眼的日常用品都无法生产，无法满足当时老百姓的需求。这些日常用品必须依赖进口，更不用说那些高科技的产品了！

但是，今天的中国厚积薄发，早已实现了"可上九天揽月"的嫦娥探月工程，研制出了"可下五洋捉鳖"的"蛟龙号"载人潜水器。今天，我们中国的新能源、桥梁、航天、电商、交通、超级计算机，这六张"中国名片"更是震撼全球。

以我们中国的桥梁为例，目前，我国的桥梁总数已超过 100 万座，居世界之首。世界上的 10 大悬索桥和 10 大斜拉桥，我们中国分别占据了半壁江山。世界上 10 座最高的大桥名单当中，有 8 座桥梁也都是来自我们中国！其中，港澳珠大桥还被誉为"现代世界七大奇迹"之一。此时此刻，我最想说："厉害了，我的国！"

面对这些骄人成绩，同学们，我们不能只有感动和自豪，我们更应该有行动和动力。盛年不重来，一日难再晨！当有的同学终日浑浑噩噩、无所事事时，请问你知道那句"风声雨声读书声，声声入耳；家事国事天下事，事事关心"的话吗？大家可以想象一下：

当有的同学沉迷网络游戏不能自拔，在虚幻的世界里做着英雄梦时，请问如果遇到国难当头的时候，你用什么保卫自己的家园？

当有的同学小小年纪就喷云吐雾的时候，请问你知道鸦片战争吗？你知道"东亚病夫"这个曾经的耻辱称号是中华民族永远抹不去的痛吗？

当我们中国游客撑起了韩国的旅游业、零售业、美容业时，当韩国企业"乐天集团"在我们中国挣得盆满钵满时，当韩国的明星频繁到我们中国走穴捞金时，而韩国政府却同意部署"萨德"系统武器，从背后狠狠地捅了我们一刀。难道这时大家却还在整天关注韩国演艺明星宋仲基、李敏镐、权志龙吗？

不知大家是否还记得：当年，以美国为首的北约轰炸我驻南斯拉夫联盟大使馆？美国侦察机在南海撞我军机？1996年"台海危机"时，美国关闭 GPS 卫星导航并出动两艘航母横在台湾海峡？而现如今，中国的填海固岛工程震惊世界。美国发动的南海仲裁不了了之。日本购买钓鱼岛沦为闹剧。"台独"分子日益猖獗，我们的航母和飞机开始环岛演习。面对由美国发起的贸易战，我们中国的一名商务部官员也曾这样坚定地说："中国不希望发生贸易战，也不会主动挑起贸易战，但我们不惧怕贸易战，也不会躲避贸易战！"

是什么敢让我们向世界霸权主义说不？那就是习近平总书记提出的"实现中华民族伟大复兴的中国梦"。

是啊，人活着，就得有目标有理想；人活着，就得是非分明、爱憎分明；人活着，就得有所为有所不为；人活着，就得有责任有

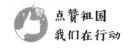
担当；人活着，就得学习奋斗、勤奋进取……

身为学生，我们到底该做些什么？我想，我们每一个同学都应该认真思考、认真规划，因为，我们的思考决定了我们脚下的路何去何从。

"天上不会掉馅饼，努力奋斗才能梦想成真"。亲爱的同学们，行动起来吧，让我们一起用青春作桨，以梦想为帆，让青春之光照亮我们的奋进之路。让我们为了自己，为了我们的家人，更为了中华民族伟大复兴的中国梦，迈出我们勤奋的步伐，昂首阔步地努力进取吧！

（辅导教师：田小录）

党的政策惠我家

北京市平谷区职业学校　　刘　畅

我有一个家，一个幸福快乐的家，今天我就来和大家聊聊它。

人们常说，"这个世界变化真大"。其实，我家的变化也挺大的。

我是一名"00后"。打从记事起，我能感觉到尽管自己吃穿都不愁，但住的条件还是很差的。

记忆中，我的幼年生活是在父母上班的厂子里度过的。一家三口挤在一间不大点儿的屋子里，做饭、睡觉都在一起，屋里几乎没有什么家具，就连吃饭的桌子还是爸爸用一块块的小木板拼凑着钉起来的。在隔壁厂部的办公室里有一台电视，我每次为了看那么一小会儿电视都要磨妈妈好一阵子呢。"闺女，等咱家自己有了电视机，让你随便看。""那咱家什么时候能有啊？""别着急，党和国家有惠民政策，又鼓励老百姓勤劳致富，爸爸妈妈有的是力气，咱家很快就会有电视机的。"

2009年，我该上小学了，我们全家就从厂子搬回了村里。那时，家里的三间老房已是摇摇欲坠。每当下雨，家中就乱成一片，西屋、东屋到处是接水的盆、罐、桶。外边的雨停了，屋里还在"滴答、滴答"下个不停。

对房屋倒塌的恐惧成了我童年最深刻的记忆。"别着急，党和国家有政策，一定会为老百姓改善住房条件的，用不了几年，咱家就能住上新房了。"每当这个时候，妈妈总是这样说。

真的不久，村里的一幢幢新房就拔地而起了。

2012年，我家的新房也终于要破土动工了。当家里的老房被推倒的那一刻，想到不久的将来就要住上新房时，我高兴得好几天都睡不着觉。

免费做保温门窗材料以及享受政府补贴价等一系列的优惠政策，使我家的新房很快就落成了。

如今我家已是环境优美、设施齐全的民居。新房子高大、漂亮、宽敞。你们知道吗？我的房间是按照我自己梦寐以求的式样来装饰的，紫色的墙壁配上绿色的枫叶，使我感觉生活在万物复苏的春天里。

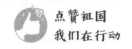
　　我的书房里摆满了各种书籍，还有书桌、电脑、打印机等，这些都为我的学习提供了最好的条件。

　　客厅里，摆放着一台液晶彩色电视，那个蹭人家电视看的年代一去不复返了！

　　看到我家的变化，爸爸深有感触地说："我们赶上了好时代！这要感谢党和国家的好政策啊！想想这些年，咱村里变化多大呀！老百姓的房子一家比一家盖得漂亮，电器一家比一家齐全。好多家还买上了汽车。小日子是芝麻开花——节节高呀。"妈妈立刻表示赞同："是呀！如今多幸福啊！老人有养老金，坐车还不花钱；农民种地不交税、有补贴，看病也能报销。孩子上学不但不用交一分钱，还有伙食费，这都得感谢党和国家呀……"

　　爸爸妈妈的话引起了我的同感。这些年，我见证了家里的发展，也见证了祖国的发展。一个个贫困家庭走向富裕，一座座落后村庄旧貌换新颜，我们的祖国日益强大。作为一名中国人，我感到无比自豪；作为一个农村孩子，我感到无比温暖；作为一名学生，我又感到肩负的责任重大。

　　今年是改革开放 40 周年，祖国真的发生了翻天覆地的变化，我要和祖国一起加油！相信明天的生活会更加幸福美好，祖国的明天会更加灿烂辉煌！

（辅导教师：王小菊）

不忘初心　砥砺前行

北京市延庆区第三中学高二（3）班　马海霞

回望中国近代历史，自 1840 年以来，我国一步步沦为半殖民地半封建社会。为了救亡图存，无数仁人志士前赴后继，探索救国救民的道路。十月革命一声炮响，给中国送来了马列主义。中国革命进入新的阶段，开启了崭新的一页。1921 年中国共产党成立，带领人民推翻"三座大山"。1949 年中华人民共和国成立了，五星红旗高高飘扬在世界的东方，它引领中华儿女奋发图强、再创辉煌！

《红旗飘飘　引我成长》这本书，不仅记录了中国共产党人的光辉事迹，还向我们展示了革命先辈的伟大家国情怀以及"苟利国家生死以，岂因祸福避趋之"的民族精神。其中，令我印象颇深的是烈士们为挽救民族危亡而大义凛然的牺牲精神。方志敏宁为玉碎不为瓦全，张自忠血战宜昌、身先士卒……无数先辈们为了中国的革命事业，为了人民流尽了最后一滴血。时代赋予了他们争取民族独立与民主和平的任务。前辈们前赴后继，直面惨淡的人生，正视淋漓的鲜血，最终夺取了胜利。如今，时代赋予我们实现中华民族伟大复兴的历史使命，我们就要像前辈一样秉持"黄沙百战穿金甲，不破楼兰终不还"的坚定信念。

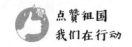
习近平总书记在纪念马克思诞辰 200 周年大会上的讲话中指出："一成不变的套路，只有把科学社会主义基本原则同本国具体实际、历史文化传统、时代要求紧密结合起来，在实践中不断探索总结，才能把蓝图变为美好现实。"世界是不断变化的，理论也应该是不断发展的。我辈青年日后要为实现"两个一百年"奋斗目标、实现中华民族伟大复兴的中国梦而奋斗，首先要珍惜先辈们开创的中国特色社会主义道路，坚定道路自信、理论自信、制度自信、文化自信。在继承先辈们宝贵财富的同时，不断推陈出新。这样，我们的事业必将取得"意气成功日，春风起絮天"的辉煌。

1919 年，我们的先辈们便敢于为了国家主权，罢课游行，最终使卖国贼被罢黜，不公平的合约被拒签，先辈们取得了胜利。而今，作为新时代的新青年，只要我们心中满怀信仰，国家便会充满力量。面对一切困难，我们青年都能走出"雄关漫道真如铁，而今迈步从头越"的豪情，我们也将让全世界看到中华民族"不飞则已，一飞冲天"的顽强民族精神。

今天，我们的祖国已经步入新时代，走上富强创新之路。少年兴则国兴，少年强则国强。此时此刻，我们还在等待什么？同学们，努力吧！发奋吧！我们必须刻苦学习，钻研新知识，打好基础，满怀朝气地面对未来，为中华民族的伟大复兴贡献自己的一份力量！

（辅导教师：高兆娣）

传承红色基因　做新时代青年

北京市育英中学　王梓旭

各位评委老师好，我是来自北京市育英中学的王梓旭。

高考结束后，我常常思考一个问题："高中三年给我带来了什么？育英中学教会了我什么？"

要想回答这个问题，需要回顾下以前的我是怎样的。高中之前的我是锋芒毕露的：

我做事充满热情，尽管这热情只有三分钟；我做事雄心勃勃，但没有与之匹配的实力；我迷茫过，我不知道青年究竟应该是怎样的，是育英中学的三年高中生活给了我答案。

育英中学是一所从西柏坡走来的红色传统学校。70 年对西柏坡精神的传承锻造了育中人"去华就实，进德修业，和谐聚力，臻于至善"的精神品质。学校也很重视这份光荣的红色传统，将爱党、爱国、爱校教育内化到校园的各项活动中，引导育中的青年们传承红色基因，做中华人民共和国未来的合格建设者。

这些活动里令我印象最为深刻的有两个：一个是西柏坡的寻根之旅，另一个是每年的开学典礼。在寻根活动中，我们来到西柏坡，参观"育英小学校"旧址、党的七届二中全会会址和西柏坡纪念馆，浸入式地感受那段光辉岁月。我们还走访了西柏坡老区的学

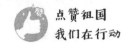
校，与那里的学生联谊。在他们身上，我们看到了敢于斗争、敢于拼搏、谦虚谨慎、艰苦奋斗的西柏坡精神。而每年的开学典礼，学校都会通过讲述育中故事或者观看校史短片等各种形式让新生了解学校的历史。每一个育中人都在传承并发扬着西柏坡精神。

2018年6月26日，共青团十八大在北京隆重召开，共青团十八大报告指出："我们正处在一个伟大的新时代，这是近代以来久经磨难的中华民族实现从站起来、富起来到强起来的伟大时代。党的十九大提出，到2020年，我国将全面建成小康社会；到2035年，我国将基本实现社会主义现代化；到本世纪中叶，我国将建成富强民主文明和谐美丽的社会主义现代化强国。今天的青年一代，到2020年风华正茂，到2035年正值壮年，到本世纪中叶仍年富力强，将与这一伟大的历史进程同生共长、命脉相连。"

作为新时代的新青年，我们不应该将目光局限于一区一城，而应该放眼国家和世界。敢于奋斗，敢于拼搏，在压力中砥砺前行。

作为新时代的新青年，我们要戒骄戒躁，谦虚做事。

作为新时代的新青年，我们要继承革命先辈艰苦奋斗的创业精神，遇水搭桥，逢山开道。

只要我们发奋学习、踏实做事，必将使我们未来的生活更美好。学校是这么教育我们的，一届又一届毕业生们也是这样做的，我想，我们也会保持这样的态度在人生之路上继续前行。我们也许不是最受人瞩目的那一群人，但我们同样会通过自己的努力为祖国的建设添砖加瓦。

人生是一场漫长的旅行，一时的成败没有那么重要，一时的荣辱也不值得牵肠挂肚。恪守初心，不断前行，人人都能实现自己的价值。

我相信建设祖国的未来、传承与发扬中华文明离不开我们这一代新青年的探索与努力，离不开你、我、他对社会责任共同的承担。

传承红色基因，做新时代青年。不忘初心，方得始终。

我的演讲结束了，谢谢大家！

2017

"阳光校园　我们是好伙伴"
主题教育读书活动

小学组

—— 一等奖 ——

七彩阳光　和谐校园

北京印刷学院附属小学五（3）班　李文博

　　每天清晨，伴着微风与花香，"悦"读长廊里，同学们促膝而坐，津津有味地享受着阅读书籍带来的美好感受。七彩的太阳光照耀着美丽的校园，阳光少年在这里茁壮成长，他们诚实守信、乐于助人。阳光校园因他们的存在而精彩，和谐的校园有你、有我还有他。

　　他叫小墨，是我的同班同学，个子不高。从踏进小学校门的第一天起，他就引起了我的注意。和别人不同的是，他每天都坐在轮椅上，由妈妈推着来上学，到了教学楼门口，再由妈妈搀扶着走进教室。那时的我还很小，不明白是怎么回事，只依稀记得班主任老师说他得了一种叫肌肉萎缩僵硬症的病，而这种病会随着年龄的增长变得越来越严重。为了减轻家里的负担，老师建议我们结成互助小组，协助小墨妈妈护送他上、下学。也许是出于儿时的好奇心，

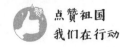

也许是一种崇高的使命感，我把小手高高地举了起来，并自荐要当互助小组的组长。从那以后，小墨上、下学的路上总有我们的陪伴，不知不觉中我们一起度过了两年的快乐时光。

转眼间，我们升入了三年级，由于我们的教室在二层，每次搀扶着他上楼都步履维艰，还未走到教室门口早已大汗淋漓。为了减轻小墨的痛苦，我提议由我们班几个身强力壮的男生轮流背他上楼。起初他不同意，但我们极力要求要这样做。"我们还是不是好朋友了？""三（3）班的任何一个人都不许掉队。"我们的一席话打消了小墨的顾虑，微胖的小脸上露出了浅浅的微笑，伴随着微笑的还有那晶莹剔透的泪珠。我们相信只要我们劲儿往一处使，就没有战胜不了的困难。你背累了我来换，短短的几十米路程有时要换上三四次。尽管气喘吁吁，但我们从未想过放弃。我们还总安慰他："小墨，怕什么，有我们在。"

可随着年龄的增长，小墨变得越来越重了，而这个重量是我们任何一个人都无法独立承受的。怎么办呢？放学后我们互助小组的几名成员聚在一起，开始商量解决方案。既然我们一个人无法完成，那就汇集大家的力量，背不动了我们就抬着。每天清晨我们把他从轮椅上搀下来，再扶他坐到一米见方的木制担架上，四名同学，每人一角。就这样，我们坚守着这份不放弃的信念，实现了对小墨的承诺。从清晨到日暮，时间在美好的回忆里悄悄溜走了。

尽管我们守护着小墨，努力减轻他的痛苦，可依然无法阻止病魔给他带来的伤害。五年级开学的第一天，我们像往常一样来到教室，可小墨的座位却是空空的。老师告诉我们，他的病越来越严重，已经不能下床了，从此五（3）班将再也看不到小墨的身影了。可不管怎样，他都是我们班的一员啊，今天是，明天也是，我们不能让小墨就这样离开。于是，我们决定每天放学后派两名同学到他家里去，给他讲今天学到的知识和发生在学校里的故事。风雨无阻的 229 天，我们只想让他感受到来自班集体的温暖。

就在今年的六一儿童节当天，我们还组织了爱心义卖活动，当我们和老师一起把 12000 元善款交到小墨妈妈的手里时，看似坚强的妈妈再也抑制不住内心的悲伤，放声大哭了起来。我们不知道能陪他走多远，也不知道哪一天他就会带着我们的友情悄然离去，但只要他还在，我们就是他坚强的后盾，是他点燃希望的火花。

同一片蓝天，同一片沃土，我们同是大地上盛开的鲜花，我们互爱互助，用真诚去浇灌友谊之花，用爱去温暖身边的每一个人，我们是阳光校园里的好伙伴，彼此关心、彼此惦念才是我们真正的幸福。看，七彩的太阳光，照耀着美丽的校园。让我们携起手来把阳光传递，让阳光照进心田，照亮大地！

（辅导教师：刘　伟）

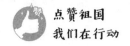

—— 二等奖 ——

同一片蓝天下，我助你圆梦

北京市大兴区首师大附中大兴北校区三（1）班　武心岚

翻开书，我看到了这样一段话："当你沐浴着晨光走向教室的时候，是否想过，有一群人需要在冰冷的轮椅上度过生命中的每一天；当你和你的家人齐聚一堂，欢声笑语地欣赏精彩的电视节目时，是否想过有一群人感受蓝天白云的平凡都是奢望；当你陶醉在美妙的音符中时，是否想过，有一群人永远生活在无声的世界里……"是的，这一群人就是生活在我们身边的残疾人。

我7岁时认识了薛姐姐，印象里她是一个声音甜甜的、总爱挂着微笑的小女孩儿，那一年她9岁。我俩同在少年宫学习朗诵，每次上课我都会牵着她的手走进教室的大门，再领她坐到她的座位上，因为——她的眼睛看不见。我格外喜欢这位总爱微笑的小姐姐，在朗诵课堂上她总是那么安安静静地听着。我曾经很为她担心，她的眼睛看不见，可是朗诵要看稿子，她该怎么办呢？我暗暗下决心要帮助她！可是让我意外的是：有一次当老师请同学们单独表演的时候，我们都扭扭捏捏不敢上台，担心背不下来，可薛姐姐却举起了手。她的表演娴熟、丰满、感情充沛，完美极了，我吃惊得下巴都快掉到了地上。下课我偷偷问她，为什么会这么熟练？她说："你们用看，我用听的呀！我特别渴望像你们一样站在舞台上。所以，我每天都认真地学、认真地练，我相信，总有一天我能够站在舞台上，跟你们一样！"哦！原来姐姐完美的朗诵不是偶然，她在梦想的激励下付出了我们难以想象的努力。我顿时感到羞愧，同在一个班的我们有谁付出过这样的努力？又有谁有过这样的梦想？她虽然看不见，但她已经成为我心中的榜样！同时又有一个小小的想法在我的心中萌发，我想发动全班同学帮助薛姐姐，帮助我们心中的小榜样实现她的梦想！

我联系了几名同学，组织了一个导演小团队，并向朗诵老师说明了情况。没想到老师也正有此意，我们一拍即合，在老师的帮助下开始策划，设定演出的主题叫"梦想舞台"。

为了练习台词，我去了薛姐姐家。我知道，为了给薛姐姐看病，她家里已经借了十几万元，因此家徒四壁。但是即便是这样，也不能阻挡薛姐姐努力追寻梦想的脚步。我和姐姐在她简陋的家里度过了一个愉快的下午。我被姐姐那认真的态度、执着的精神深深地感动着，这也更加坚定了我要帮助她实现梦想的决心。我们和老师发动了一切能发动的人员——同学、家长、朋友。"梦想舞台"演出如期举行，当薛姐姐穿着漂亮的演出服在我们的搀扶下站在舞台上，她的泪水夺眶而出。

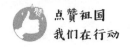

春风吹拂，阳光普照，让小草实现了自己的梦想；蜜蜂忙碌，蝴蝶翻飞，让花儿实现了自己的梦想；挥汗如雨，点滴奉献，这让薛姐姐实现了登上舞台的梦想……

是啊，同在一片蓝天下，我们同是大地上盛开的鲜花。我们互爱互助，用真诚去浇灌友谊之花，用爱去温暖身边的每一位暂处困境的朋友——这才是我们真正的幸福。同在一片蓝天下，我来帮你圆梦。

（辅导教师：李燕娜）

我是集体一成员

北京市东方德才学校六（1）班　赵思齐

我的故事很长，但今天我想还是长话短说——从我刚出生的时候开始说起。

在我还不会讲话的时候，一听到相声就会笑，后来我爱上了曲艺，相声、评书、快板，我都特别喜欢。我梦想着有一天，能登上中国曲艺的最高领奖台。所以私底下，我对各种各样的获奖感言格外有兴趣，从音乐电视年度盛典到奥斯卡颁奖礼，我都爱看。

我发现，所有的获奖感言都可以用两个字概括：感谢——"感谢 CCTV，感谢 MTV，感谢剧组，感谢导演，感谢我的家人……"无论是娱乐至上的文艺奖还是高大上的科学奖，都是如此。

前两天，我阅读了我国药学家屠呦呦在诺贝尔生理学或医学奖颁奖典礼上的发言。这位皓首苍颜的老奶奶说："衷心感谢当年从事 523 抗疟研究的中医科学院团队全体成员……感谢全国 523 项目单位的通力协作……没有大家无私合作的团队精神，我们不可能在短期内将青蒿素贡献给世界。"

我陷入深思："为什么所有成功者都会感谢集体呢？是因为他们碰巧都过分谦虚嘛……不是，当然不是！不是荣耀让人感恩，而是感恩使人获得荣耀。成功者深知，没有团体协作就不会有个人的成功！"

俗话说，"滴水不成海，独木难成林"。从我自身来讲，也是如此。我表演的曲艺节目曾多次获奖，多次被电台、电视台播出。这些成绩，和同学们对我的帮助是分不开的。演出时，有的同学为我记作业，有的同学为我补落下的功课。让我最为感动的是，2016 年 12 月底，我表演的快板节目参加了北京市群众曲艺大赛，进入决赛的 40 多位选手都是成年人。我非常紧张，特别希望有人能在现场帮我加油助威。可是我却没有勇气当面邀请别人。于是，我比赛的前一天发了朋友圈，希望大家能来看我比赛。转念一想，谁会腾出大周末的休息时间，来看我表演节目呢？况且，正赶上期末考试前夕。

比赛当天，我紧张地走向舞台，手里的快板都被攥湿了。一上台，我看到了十几张熟悉的面孔，卓然、一涵、陈果、天奕……还有王浩，我和他前几天刚刚发生了点小矛盾，可是在比赛那一刻，他也和父母一起来到了现场，为我加油助威。那天我激动极了，信

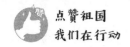
心满满，热情洋溢地投入了演出，最后以全场最高分获得全市一等奖！

一想到集体，我就会情不自禁地想到一首歌。最后，我就用我最熟悉的快板，把这首歌的歌词献给大家——我唱的是："一根这个筷子容易断，十双筷子抱成团；一个巴掌拍不响，万人鼓掌声震天；一加十十加百，众人划桨开大船；你加我我加你，同舟共济心相连。站在船头千帆竞，我骄傲，我是集体一成员！"

（辅导教师：郭鸿斌）

我心中的航标

北京市顺义区裕龙小学　杨梦欣

"老师"——多么伟大而神圣的字眼儿。有人把她比作红烛——燃烧了自己照亮了别人；有人把她比作园丁——呕心沥血，浇灌祖国的花朵。我，把她比作航标，始终指引我前行。在阅读学校下发的主题教育读本《您好！老师》中，我就看见了我们班张老师的身影。

课上，她用渊博的知识和风趣的语言使课本上的一个个人物角色活灵活现、跃然纸上。课下，她是我们的知心朋友，是我们倾诉心曲的对象。开心的时候，我们跟她一起分享；伤心的时候，她跟我们共同担当。班会上，她是我们的好长辈。听了她的亲身经历、生动故事，我们慢慢地懂得了人生。操场上，她又是我们的健身教练，带领我们奋勇争先，一路向前。

而我，心中珍藏着我和她的故事……

一次上选修课回来，我不小心把水瓶摔碎了。当时水洒了一地，玻璃碴满地都是，我慌乱至极。这时，张老师拿着笤帚和墩布走了过来，拍着我的肩膀说："梦欣，快别用手捡了，扎坏了怎么办？"张老师把地面清理干净之后，又继续给大家上课了。第二天，我坐在椅子上还在为失去心爱之物而闷闷不乐的时候，只见张老师轻轻走到我的身旁，像变戏法似的从身后拿出一个粉色的保温杯递给了我，说："送你个新水杯！"顿时，一股暖流传遍了我的全身，我激动得说不出话。

还有一次，我有一道阅读题怎么也写不出来。别人课间都玩去了，我还在苦苦思索。忽然，一个身影走了过来。哦，原来是张老师。老师亲切地问我："这题不会呀？"随之是几声咳嗽。我心想，别让老师难受了，就装着说："老师，我会了。"老师似乎看出了我的心思，于是又耐心给我讲了好几遍。最后，我总算明白了。那一刻，我开心极了。老师认真的态度，令我也似乎懂得了解决难题之道。

后来，我和老师的师生情谊又一次得到升华。那是在一次学生艺术节上，我朗诵的一首《妈妈颂》被推选到区里参赛。老师利用课余时间对我进行指导。我逐段背诵，老师边听边记录，她觉得我的语音、语调都不错，但似乎还缺点什么。老师眉头紧锁，突然高兴地说："哎！咱们找首柔美的乐曲来搭配这首诗，试试效果怎么

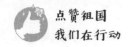

样?"一段《雨的印记》，让音乐与朗诵的内容完美融合。我和老师高兴得击掌庆祝。功夫不负有心人，我们的这首《妈妈颂》最后在全区摘得桂冠。

回想起来，我的每一点进步都离不开老师的精心雕琢，即使千言万语也无法表达我对老师的感激之情。老师这支航标已经指引我今日沿着正确的航线起航，那么，迈好未来的人生之路当然就是我回报老师最庄严的承诺。现在，我只能深情地道一句——"您好！老师！"

(辅导教师：赵雪莲)

阳光校园，我们是好伙伴

北京市门头沟区城子小学四（1）班　曹一诺

"感恩是人与人之间爱的纽带。记得有人爱你，接受他们的爱，并以爱的方式回馈爱——这世界才会充满爱。"读了《阳光校园　我们是好伙伴》一书后，我受益匪浅。书中讲述的一个个自信自强的事例、一句句催人奋进的话语，让我懂得了尊重和赏识的宝贵，懂得了只有怀着一颗感恩的心，才会使我们拥有美好生活的处世品格。

正是感恩之心，让海伦·凯勒获得了新生，她知道如果没有莎莉文老师的爱，就没有自己的成功。小小的凯瑟琳致力于消灭疟疾的研究，她深信，人可以平凡，但心中有爱，同样能温暖世界。"瓷娃娃"苏相宜先后大大小小骨折 16 次，她以积极乐观的心态对待生活，在轮椅上将感恩传递。

从我呱呱坠地的那一天起，我就感受到了爸爸妈妈的养育之恩，感受到长辈对我无微不至的爱；在我成长的道路上，更是感受到了许许多多人的关爱。每天，当我迎着朝阳走进学校，第一眼看到的是由 1000 多张照片组成的照片墙。照片上，阳光、自信、活力展现在每个同学的脸上。操场上和教室里到处都充满了欢声笑语。"校园文化"墙上有英雄人物的事迹、成语故事、少数民族风俗等。每当经过这长长的走廊，我的身心都会受到洗涤和激励。我会以积极乐观的心态对待学习和生活，对待同学和老师，带着爱投入到新一天的学习中去。

我们的班集体充满阳光友爱，我们的教室温馨整洁。课上，同学们聚精会神聆听老师的谆谆教诲；课下，我们团结友爱、互相帮助。运动会上，同学们全力以赴对待每一场比赛，人人贡献出自己的一份力量，为集体的荣誉而战，赛场上洒下我们奋力拼搏的汗水。还记得下雪后，老师带着我们堆雪人打雪仗，像个大朋友似的带领我们追逐嬉戏……

阅读了《阳光校园 我们是好伙伴》这本书，还使我懂得了如何去欣赏他人。书中的故事告诉我：当你用什么样的眼光去看别人时，别人也会向你投来同样的眼光。妈妈经常对我说，人与人的关系都是相互的，你给予对方一个笑脸，对方就会友好地回馈给你一个微笑。就如同照镜子一样，你喜欢别人，对别人好，别人也会喜欢你，对你好，喜欢肯定是源于彼此的欣赏。

读到这里，不禁使我联想到生活中的往事。有一次，班里最淘气的一个同学问我一道题，我没有厌烦，很耐心地为他讲解，直至他听明白了为止。过后每当我遇到困难时，他都积极地帮我。我也通过他淘气的一面感受到了他聪明、手巧的另一面。

任何时候，学会用欣赏的眼光去看待世界，看待你周围的人，你便会更坦然地面对一切。所以欣赏是一种智慧、一门艺术。你若懂得了如何去欣赏别人，那么你一定能够得到别人的欣赏与尊重。

从现在开始，我要学会用欣赏的眼光看待美好的世界，用欣赏的态度对待每一个人，学习每一个人身上的闪光点，让自己更加阳光灿烂，给自己和身边的朋友带来快乐。

捧起手中的书，思绪回到眼前，书中一个个闪光的故事犹如一缕缕温暖的阳光照耀我的心房，照在我们的校园里。让我们一起带着感恩的心，做"阳光少年"，将爱传递下去，提升自我价值，实现人生目标，成就非凡的人生！

（辅导教师：付春琴）

阳光校园，我们是好伙伴

北京市顺义区东风小学五（2）班　马也驰

当微风轻柔地托起一丝丝柳絮的时候，当金色的光辉悄然披在一棵棵樱花树上的时候，当美丽的花瓣在空中悠悠地打几个卷儿再轻轻落下的时候，我们正幸福地享受着多姿多彩的校园生活。

　　5 年前，妈妈把我送进东风小学这个校园，我仿佛进入了一个大家庭，班上都是和我差不多年纪的小朋友。我们亲如一家，相伴成长。在这个大集体中，我有很多好朋友，要说到至交，还得算我的好兄弟晓亮了，他可是让我竖起大拇指称赞的人。

　　那件事发生在四年级运动会上。当时，晓亮报了两项比赛，在第一项跳远比赛中，他的脚不小心扭了一下。老师见状，忙让他退出比赛，可他却忍着疼痛说："没事，我活动一下，应该可以继续比赛的。"过了一会儿，跳远赛场上，再次出现晓亮的身影，他开始起跑，逐渐加速，越跑越快，到了起跳线，只见他身体腾空，完美落地，跳出了 4.5 米的好成绩。顿时，操场上响起了热烈的欢呼声。

　　刚刚结束跳远比赛，100 米短跑比赛开始的广播响起，他坚持着一瘸一拐地走到跑道上。枪声响起，顿时，他像离弦的箭一样飞奔了出去，完全忘记了疼痛。我的心被揪了起来，不知道他能否坚持跑下来。跑到一半，他的速度明显降了下来，可他咬牙坚持着。快到终点了，还有 10 米、6 米、2 米……他奋力一跃，冲向了终点，拿到了亚军。我连忙跑向晓亮，去搀扶他："怎么样？脚痛不痛？"他却朝我摆摆手，连说："不碍事，不碍事。"我为我的好伙伴感到骄傲。

　　我总是能从晓亮身上学到很多正能量的东西。在这个阳光校园里，时时刻刻都充满着我们的欢声笑语。当然，我们的友谊也不是一帆风顺的。

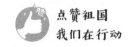
　　那是在一次读书活动中，图书管理员从学校图书室借来了很多书，随机发放到每个学生手中。当时，发到我手里的是《水浒传》。这两天老师正在讲"景阳冈武松打虎"这个故事，我非常想读一读这本书，想领略书中一百单八将的风采。哈哈，老天开眼，正好让我得到了这本书。这时，晓亮走过来，夺去我手中的书，"哥们儿，先让我看这本书吧，我喜欢这本书！""不行，我还想看呢。"我毫不犹豫地夺回书。"不换拉倒！"他噘着嘴走了。

　　回到家里，我迫不及待地拿出《水浒传》，开启了我的阅读旅程。看着看着，晓亮打来了电话，约我周六去踢球，这时我想到了晓亮要和我换书读的事，越想越觉得自己不够大气，可他居然没放在心上。想到这儿，我把《水浒传》放回了书包，准备明天带给晓亮。我想，真正的友谊是需要相互宽容和理解的。

　　春天，百花盛开，争奇斗艳，草地上留下了我和晓亮踢球的矫健身影。夏天，一棵棵高大挺拔的榕树长得更翠绿、更茂盛了，我和晓亮经常在树下对弈，相互切磋。秋风掠过，一棵棵柿子树上结满了金黄的果实，这也是我们收获的季节，我和晓亮都取得了优异成绩。冬天，树上已是光秃秃的，大家仍然在操场上尽情地玩耍，校园里充满了欢乐。校园陪伴了我们多少个春秋！她，是我们欢乐的源泉；她，是我们知心的好伙伴。

（辅导教师：任晓芳）

我 帮 你

北京市房山区燕山羊耳峪小学　张艺凡

　　"我帮你"三个字，每一个小学生都能做到会读、会写，理解意思，甚至用其遣词造句。当我读了《阳光校园　我们是好伙伴》中《我帮你》这篇文章后，我被书中的故事与画面感动了。40多年啊，陇海大院的邻居们和郑州 101 中学的志愿者们，在说出"我帮你"的同时，出钱、出力，忙前忙后，日夜帮高新海与疾病作斗争，帮他排解失去亲人的孤独，帮他找到工作；美国少年伊斯顿克服重重困难，发明了用脑电波控制的机械手臂，以低廉的价格出售，对残疾人做出实实在在的"我帮你"举动。他们的故事使我懂得了"我帮你"举动带着浓浓爱意，是承诺，是坚持，是奉献，是创新，是为了他人好的"雪中送炭"！

　　我不会忘记刚入学不久，同学的那句"我帮你"！第一节课的上课铃响了，我赶紧打开书包，准备学具。突然，我发现没有带文具盒，心里一下子慌了起来："没有笔、没有学习文具，让我怎么写作业呢？"此时此刻，语文老师已经走进了教室。老师讲完课，让我们抄写生字，全班同学都低头唰唰地写起来，唯独我，在那里傻傻地看着本子发愁！这时，旁边的思雨问我："你为什么不写啊？"我小声地说："没有带文具盒。"她轻声说："我帮你，用我的

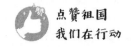
吧!"说着,从文具盒里拿出了一支蓝水笔:"给你,快写吧!"我道了谢,赶快写了起来。下课后,我周围的同学也打开自己的文具盒,这个借我一支铅笔,那个又借我一块橡皮。一会儿,文具全齐了。小伙伴的关爱让我认定他们就是我的好朋友!

学校"寻找乐于助人的好伙伴"活动开始了。要知道,我们的学校可非同一般。它既有像我一样的普通孩子,也有身患疾病的残疾儿童。特教班的孩子和我们一同出入校园,在一座教学楼里上课,在一块操场上运动、做游戏,在一个食堂就餐。在我们学校开展"我帮你"活动太有意义啦!我有一个想法,就是像陇海大院的居民那样,在平凡的日子里,让残疾同学感受到我的友爱和帮助!

一天中午,我在校园门口值周,特教班一个叫萱萱的同学像平常一样进到校园里,走着走着,突然摔倒在地。我快跑过去,对她说:"我帮你。"随即把她扶起来站住,这时我发现她尿裤子了。我让她缓了一会儿,赶紧把她送进了特教班的教室里。我先把她摔倒的经过告诉了班主任段老师,又帮段老师与家长取得联系,只等她妈妈送来干净的裤子、鞋袜。望着萱萱既无助又尴尬的样子,我想:"现在天气暖和还好,给换条干净的就行,这要是到了冬天,裤子穿得多、穿得厚,萱萱尿了裤子以后,穿着湿裤子得多难受啊!要是有纸尿裤就好了,纸尿裤方便穿脱,即便她尿了,裤子也不会湿啦。"我决定用零花钱买包纸尿裤。放学后,我把这个想法和妈妈沟通了一下,妈妈说:"很好,我闺女善良又有智慧,妈妈同意!"第二天,我悄悄地把纸尿裤送给萱萱,教她穿上。看着她感激的眼神,我明白了助人是一件快乐的事!

在我们学校，寻找助人好伙伴真的很容易！你听，校门口、楼道里、教室里、操场上"我帮你"就在耳畔；你瞧，一位一年级的小朋友红领巾系不好，正着急呢，一句"我帮你"，让鲜艳的红领巾瞬间飘扬在胸前，显得格外美丽！

"我帮你"，没有歧视，一句普通的话语就温暖一颗寂寞无助的心；"我帮你"，只有尊重，一个小小的动作，把素不相识的我们变成朋友！虽然我们不能够改变残疾儿童的状况，但是我们可以和他们共同在宽松和谐的环境中成长，让他们在平等中和我们一起健康快乐地成长！

海伦·凯勒说："世界上最美的事物，不一定能用眼睛看到或用手摸到，他们是必须用心灵去体会的。"在我们羊耳峪小学，上演了一场爱的接力，那就是——"我帮你！"

（辅导教师：刘　飞）

校园里爱的乐章

北京市房山区青龙湖镇中心校四（2）班　杨碧聪

校园里充满爱的阳光，同学都是好伙伴，我们唱响着团结友爱、自信进取、互助合作的乐章。这是我读《阳光校园　我们是好伙伴》这本书最大的感受，因为我也是这美妙乐章中的一个音符。

一年级的下学期，我们学校附近建起一座漂亮的儿童福利院。

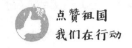

于是，10 多个福利院的孩子走进了我的校园，女孩儿婷婷成了我的同学、我的好伙伴。新同学到来之前老师嘱咐我们："福利院的孩子都是因为患有严重的疾病被家长无奈丢弃的，你们要关心他们，跟他们友好相处。他们生活在福利院，是党和国家在抚养着他们，这也是他们的福气。老师希望你们能让他们感觉到，来到咱们班也是一种福气。"于是，故事在我和婷婷之间发生着。

婷婷患有先天性脊柱裂，做完手术以后智力受了点儿影响，学习有些吃力。特别是口算的速度很慢，规定 5 分钟内完成的 50 道口算题，她只能完成 10 余道，还会出错误。我很少见到她脸上有笑容。作为学习委员，我主动要求让婷婷跟我坐同桌，有空儿就在婷婷身边耐心讲解，婷婷也总是认真地听着，练着。课间，其他同学也时常围过来，给她讲记忆的好方法，还拉着婷婷一起做游戏。婷婷的学习不断进步着，特别是当她口算终于能在规定时间内完成的时候，我们都开心地为她鼓掌！婷婷看看我，羞涩地笑了。老师朝婷婷竖起大拇指："婷婷真聪明！"婷婷又笑了，笑脸如花。

现在，我们已经一起学习生活了 3 年多，婷婷越来越阳光自信了。她还主动承担了照顾班里盆花的任务。在她的细心浇灌下，班里窗台上的盆花茁壮生长着，开出璀璨的花朵。哪盆花开得喜人，她都笑盈盈地拉着同学去欣赏，开心地告诉大家："看，这个枝条一夜就长了这么长，这两朵花昨天放学还是花骨朵。现在开得这么大！"我说："那是因为你照顾得好，它们感谢你呢。"可长大了的我时常发现，婷婷在放学时看着同学们被家长接回家，时常露出羡慕的神情。我想，是啊，福利院的孩子们每天上下学都是由一两个阿姨带着排队来去的。他们虽然生活无忧，但毕竟和我们在父母、爷爷奶奶身边不一样。我开始在心里为他们难过。这让我产生了一个想法，那就是周末接婷婷到自己家，让她体会小家的快乐！我把自己的想法告诉了爸爸妈妈，爸爸妈妈痛快地答应了。我高兴地给了他们一人一个拥抱。老师知道了我的想法，高兴地与福利院沟通。周五放学的时候，爸爸开着车来接我们，妈妈还特意跟着来了，我和妈妈一左一右拉着婷婷的手上了爸爸的车。

晚上，爸爸妈妈忙着准备丰盛的晚餐，奶奶像疼爱我一样把婷婷搂在怀里问这问那，爷爷也在一旁笑呵呵地搭着话。我在一边开心地看着，还帮婷婷回答着奶奶的问题。吃完晚饭，妈妈陪我俩完成了作业。周六、周日，爸爸妈妈又带我们去家附近的森林公园玩，还一起回了姥姥家，婷婷俨然成了我家的一员。周一的早晨，妈妈送我俩到了学校大门口，和我俩挥手再见时，婷婷转身跑向妈妈，低着头流着眼泪说："阿姨，我想有个妈妈，我能叫您妈妈吗？"我在一边愣住了，妈妈连忙蹲下来，拍着婷婷的肩膀，含着眼泪说："孩子，没问题。"婷婷低声叫了一声："妈妈。"然后就哭出了声。妈妈抱着她安慰着，我忍不住也抹起了眼泪，不知如何是好。赶忙拉着婷婷说："别哭了，别哭了。"此刻，我感觉到了特殊群体孩子心里的滋味。

后来，其他同学也争着邀请婷婷到自己家过周末，再后来也有其他班的孩子邀请自己班上的福利院孩子。看到这些，我心里美滋滋的，因为是我带动了更多的同学关爱福利院的伙伴们。我想，这就是爱的传递吧。

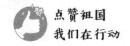

朝阳初升，在那漂亮的福利院和我们学校之间的路上，我能看到在阿姨的带领下排队上学的孩子。他们的表情是快乐的，因为他们走向的是又一个温暖的家。我们铭记老师的教导，奉献爱心，努力让他们感觉到，来到我们这个集体是幸福的。我们都是他们的好伙伴！

（辅导教师：刘淑红）

—— 三等奖 ——

我们的"轮椅伙伴"

北京市平谷区第一小学四（3）班　赵翌晗

读完《阳光校园　我们是好伙伴》这本书，我感觉书中的故事就像一缕缕阳光射入我的心灵：书中一个个名人的事例，让我的自信指数暴涨；书中一句句激励的话语，让我懂得尊重和赏识的意义；书中一个个成功的团队，让我们树立合作意识；书中那一张张鲜活的图片，更是触动我的心灵……尤其是伙伴间互帮互助的精神让我们的校园生活充满和煦的阳光，照亮我前行的路。

我们班有一个男孩子，叫李一（化名）。他小时候得了一场重病，落下了终身残疾，走路一瘸一拐的。在他还没有上幼儿园时，他父亲就抛弃了他们母子。他的病越来越严重，上下学经常是母亲或姥姥、姥爷两个人推轮椅送来学校。为了照顾他，学校破例把四年级安排在了教学楼的一层。

课间活动时，我们经常在一起玩。有一次，一个同学在李一后

面学他一瘸一拐走路的样子，大家哈哈大笑。李一满脸通红，悄悄地一瘸一拐地离开了。

有一次，体育课上，我们踢足球，李一坐在轮椅上眼巴巴地看着我们，也想一起玩。一个同学一边笑一边说："你走路都这个样子，上下学都坐轮椅了，还想玩足球？"见大家都嘲笑他，李一伤心地哭了。我说："我们是不是有点过分了？""好像是哎。"伙伴们也觉得不好意思。

过了一段时间，学校开展了五好小公民"阳光校园我们是好伙伴主题教育活动"。作为一个小书迷，读书当然是我的最爱。当我从老师手里接过《阳光校园 我们是好伙伴》这本书后就迫不及待地翻开阅读。通过阅读，我对"伙伴"这个词又有了更深刻的认识。我记住了老师对我们的教育，心里暗暗许下心愿：我也要帮助别人，把爱心传递下去。

一天下午的体育课上，我们照常用轮椅将李一推到了操场上，自由活动时我们还是踢球，我问李一："你还想和我们一起玩吗？"他摇了摇头，我看着他孤独的背影，心里很难过。

我把这件事告诉了老师，我问："我们应该怎么帮助他呢？我把自己的零花钱给他吧！"老师对我说："尊重他，平等地对待他才是对他最大的帮助。"

从此，我改变了自己的态度，和同学们一起开始了对李一的"帮助"。最开始，我们只是和他说说话、聊聊天，课间时帮助他上厕所、灌水瓶；渐渐地，我们成了朋友。又过了一段时间，我和同住一个小区的几个同学去他家，帮他整理房间，和他一起玩玩具、看书。他渐渐习惯了这种生活，我和伙伴们用压岁钱买了一个足球，我们班还成立了"互助组"。周末一有时间，我们就推上他，在小区的球场上开展"别样"的轮椅足球运动。我们现在都拿他当正常人一样对待，李一别提多高兴了。因为我和同学们都感到，每个生命都是平等的。

《阳光校园　我们是好伙伴》这本书，让我们拥有自信、勇敢、合作、感恩、互帮互助的品质。和谐的校园哺育我和伙伴们茁壮成长，让我们的轮椅伙伴变成了阳光少年。

（辅导教师：景国莲）

阳光校园　伴我成长

北京市昌平第三实验小学六（2）班　马思涵

晨曦来临，杨柳依依，嫩绿的小草悄悄地从土里探出了头，艳丽的郁金香花也向着朝阳绽放灿烂的笑脸，和绚烂的樱花相映成趣。一片片青麦在晨风的抚摸下掀起一层层麦浪，发出"沙沙沙"的欢唱。若要问这美丽的地方是哪里？让我来告诉你，这就是我美丽的校园。

时光如白驹过隙，就是这美丽的校园陪伴我度过了6年的小学时光。这6年来，我们在这个充满书香的百花园里汲取营养，一天天茁壮成长，采撷了丰硕的果实。至今我还记得6年前，妈妈牵

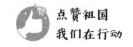
着我的手，送我来到校门前，温柔地对我说："孩子，这里就是你的学校，要好好学习呀。"我朝妈妈挥挥手，高兴地说："妈妈，再见！"至今，我还记得我入少先队的那一天，大姐姐为我佩戴上鲜艳的红领巾，我高高举起右手，对着国旗默默宣誓："我一定要成为一名优秀的少先队员。"至今，我还记得我成功竞选为大队委的那一天，大队辅导员为我佩戴上队标，对我说："要继续努力啊。"我心里无比自豪，在心里默念："老师们、同学们，我一定再接再厉，不辜负大家的期望。"我知道，我的成长离不开老师的谆谆教诲，离不开同学们的帮助。是你们让我变得自信自强，学会了团队合作，懂得了尊重与谦让。还记得吗？四年级时的一天，老师对我们宣布："从今天起，我们班的板报将由同学们自己设计并完成。哪位同学愿意请缨来做负责人？"老师话音一落，班里顿时一片哗然。这时，不知谁喊了一句："老师，马思涵画画好！"老师立刻征求我的意见，我一时不知怎么回答。老师注视着我，她那双眼睛仿佛会说话，好像在对我说："来吧！你能行！"不知怎么的，我真的觉得我一定能行。接下来的几天晚上，我彻夜难眠，辗转反侧，满脑子全是板报的设计方案，但一直拿不定主意。有一天，老师问我板报设计得如何、什么时候开始着手布置时，我手足无措，羞愧难当。老师说："俗话说得好，'一个篱笆三个桩，一个好汉三个帮'。你不如征求一下同学们的意见，也许他们能给你好的灵感。布置的时候，也要邀请他们帮忙，同学们一定会义不容辞地帮助你的。"我听了老师的话，去寻求帮助。没想到果然如老师所讲，大家都欣然同意帮忙。大家你一言我一语，很快就设计出了精美的板报草图。接下来便是紧锣密鼓的布置，有的负责收集文字材料，有的负责剪字裁花……个高的男孩子们蹬着椅子爬上爬下，即使累得满头大汗也乐此不疲。我们利用午休和课间休息，加班加点，终于按时完成了任务。看着由我们亲手设计并制作的班级板报，我们别提多高兴了。通过这次活动，我不但体会到了浓厚的同学情，还明白了团队合作的重要性：一个人的力量是有限的，而团队的力量是无穷的。只要有目标，我们大家团结协作、齐心协力就一定能取得成功。

6 年的春去春回，就如大海里的一滴水，匆匆而逝。我多么庆幸，能在这样美丽的阳光校园里学习，多么庆幸能与这样可爱的老师、同学们相遇。如今，即将毕业的我马上就要离开这美丽的校园，心中万般不舍。但是，那些幸福而美好的时光，已经化为甜美甘露，滋润我心田，伴随我成长。

（辅导教师：田　琳）

予人玫瑰，手有余香

北京市丰台区长辛店第七小学五（1）班　崔　诺

当你赠予他人玫瑰时，手上依然弥漫着爱的芳香；当你为他人点亮一盏明灯时，其实也将自己的心房照亮；当你为他人解决困难时，就会发现自己也在不知不觉中收获了幸福和快乐。

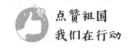

　　我们熟知的雷锋叔叔就是这样一位乐于助人、无私奉献的人。他从小家境贫寒，得到了许多人的帮助，所以他深知自己不但要回报大家，更要努力学习，成为像他们一样的人。是的，雷锋叔叔真的"把有限的生命投入到无限的为人民服务之中去"了。不过，有奉献，就有收获。雷锋叔叔用他一生的奉献收获了人民的爱戴，这不也是一件快乐的事吗？

　　白方礼老人何尝不是这样呢？这位在天津蹬了一辈子三轮车的老人于1987年回老家准备养老时，发现有些孩子因为贫困而无法接受教育。倍感痛心的老人捐出了5000元养老钱后重返天津城，再次蹬起三轮儿，时年73岁的老人就这样走上了支教之路。在他生命最后的岁月里，他把一切都奉献给了孩子们。白方礼老人当之无愧地被评为"感动中国"年度人物之一。付出等于收获。那帮接受过他资助的孩子们在他逝去后，纷纷前来悼念。我想，长眠地下的老人心里一定是快乐的。

　　"予人玫瑰，手有余香"这句话真心不错，因为我也切身体会过。

　　那是一次数学课，老师为我们讲解了一道复杂的应用题。也许是太难了，能够真正理解掌握的同学并不多。而我，就是这些幸运儿之一。下课了，终于可以放松休息的我，突然发现同桌正咬着笔头仍旧百思不得其解。一时间，我有点犯难了："到底是去外面透透气，还是牺牲时间去帮帮她？"经过一番挣扎，最后还是选择留下来帮她了。其实当时我只是不想再让同桌为区区一道题而陷入窘境而已，仅此而已……可当我看到她豁然开朗后，心中的快意却油然而生。

后来的我才发现，帮助别人真是太奇妙了，不仅自己快乐，还能在关键时刻"救自己一命"呢！

就在同年的考试中，我竟又一次遇到了那道题。可偏偏当时我的头脑里竟一片空白，没有任何思路，我不由得有些烦闷。但正可谓"天无绝人之路"！余光里，我看到同桌正在奋笔疾书。倏然，帮助她讲题的一幕幕在我脑海中不断地回放……我顿时就想起了这道题的解法。考试后，我心中不由得感慨万千："如果当时我不去教她又会怎么样呢？到底是我帮助了她，还是她帮助了我呢？"后来，我悟出了这样一个道理：帮助别人永远都不是无偿的，而收获却可能超出了你的意料！

"予人玫瑰，手有余香。"是啊，如果你不曾帮助他人，你又怎会体味其中的快乐呢！

（辅导教师：刘　铂）

携手伙伴，共建阳光校园

北京市通州区运河小学六（8）班　郝佳欣

大家好！我叫郝佳欣，来自大运河畔的通州区运河小学。今天我演讲的题目是《携手伙伴，共建阳光校园》。

《阳光校园　我们是好伙伴》是一本薄薄的书，却承载了那么

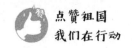

丰富的内容：书的内容分为五大主题，每个主题又分为两项活动。书中一个个感人的故事，告诉了我们做人的道理。

邓稼先爷爷为研制核武器、为国家的强大，付出了自己的生命；法国姑娘方芳扶助贫困儿童上学……还有很多很多的故事给我留下了深刻的印象。

《父亲是唯一没反对过我的人》这篇文章给我的印象尤为深刻，作者马云说的一句话我非常欣赏："我的父亲用几十年的父爱一铲一铲为我开凿出了最宝贵的成功真相——发掘出你的兴趣，去做你感兴趣的事再把它变成你的特长，最后让你的特长发挥最大的潜能。"的确，父亲的鼓励与欣赏，成就了今天的马云。

我自然想到了自己，想到我的爸爸妈妈，想到在校园生活的日子里，不知曾得到过多少鼓励的话语、关切的眼神、灿烂的微笑，从而得到了温暖和力量。

记得是在本学年放寒假前，班主任刘老师抱来厚厚一摞书。看到书名《阳光校园　我们是好伙伴》……同学们七嘴八舌地议论开了："刘老师这是什么书呀？刘老师这是给我们的吗……"刘老师微笑着看着我们。上课了，刘老师郑重地向我们介绍了这本书，鼓励我们认真阅读，学校还会组织演讲比赛呢！当听到"演讲比赛"这四个字时，我的精神头一下子就来了，我喜欢讲故事，我要参加演讲比赛！

可是，我的写作水平不怎么好，这可怎么办？

我的爸爸是个军人，常年在外，很忙……爸爸只能通过打电话为我送来鼓励的话语。我的妈妈虽然学历不高，但是她和我一起认真阅读了《阳光校园　我们是好伙伴》这本书，为我的演讲提出了很多建议，妈妈说："闺女啊，你要对自己有信心！"嗯！我要对自己有信心！经过小伙伴们的帮助、班主任刘老师的指导，就这样，在校级演讲比赛中，我脱颖而出，取得了总分第一名的好成绩！班主任刘老师用自豪的眼神看着我，大队辅导员张老师对我投来赞许的目光！经过选拔，我又被推荐参加区级演讲比赛。对我这个没见过什么大场面的"黄毛丫头"来说，真是有点把我吓到了。快到我比赛了，怎么办？心都快跳出来了……这时候，大队辅导员张老师微笑着拉起我的手，把我抱在怀里："别紧张，尽力就好！"多么简单的一句话，仿佛一缕清泉滋润了我的心田，我的心宁静了。我抬起头，望向老师："我会加油！"

我充满自信地走向演讲台，从容、镇定地开始演讲。当听到台下雷鸣般的掌声时，我知道，我成功了！

一句鼓励的话语、一个关切的眼神、一个灿烂的微笑，都会让陷入困境中的人得到心灵的慰藉。爸爸妈妈对我们的关爱、老师们对教育的一片赤诚之心，时刻感动着我们。他们把阳光一次次洒进我的心田，让我建立自信！我相信，不管将来我是否可以成就一番事业，我终将会阳光、灿烂、自信地面对人生！

七彩的阳光，照耀着古运河，照耀着美丽的校园，阳光校园是我们学习的空间，也是我们茁壮成长的精神家园。

《阳光校园　我们是好伙伴》是一本不可多得的好书，是一缕灿烂的阳光！从这本书中，我们看到了父辈期待的目光，感谢读本编写者的辛勤劳动！

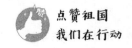
让我们携手同行，从自身做起，从现在做起，共建阳光校园！谢谢大家！

（辅导教师：张艳霞）

让我们拥有一双慧眼

北京市西城区康乐里小学五（3）班 周 游

你要问我最爱什么？我要大声地告诉你，我最爱我的集体，因为我所在的班级是学校的明星班级，先后获得了市、区优秀班集体的荣誉称号。我们每个人都在集体中练就了一双慧眼。

我们的慧眼是怎样练就的呢？这还得感谢《阳光校园 我们是好伙伴》这本书，是这本书指引我们学会与伙伴交往，是这本书教会我们怎样看待同学，是这本书告诉我们每个人都可以有一双慧眼。

我最喜欢这本书中马云的故事。记得当我们班正在开展阅读《阳光校园 我们是好伙伴》这本书期间，一位新同学转学来到了我们这个集体。新成员的到来一下子吸引了我们的注意力，我们张开怀抱热情欢迎新同学的到来。可是，没几天，这位新同学就令我们大跌眼镜：大家能接受一个上课随便说话，处处和别人作对，甚至口吐脏话的同学吗？非常不幸，我们班的新同学小易就是这样一个令人头大的学生。看不惯，看不惯，真是看不惯！

集体中迅速蔓延了一种排外的情绪，原本和谐温馨的班集体矛盾不断。我们的班主任范老师察觉到了大家的异常表现，于是给我们布置了一个作业："读一读《阳光校园　我们是好伙伴》这本书中马云的故事，想一想你受到了哪些启发？马云与我们有什么关系？"带着这样的问题我认真阅读了马云的故事，读后我真是百感交集。马云小时候不守纪律、经常打架，为此转过 3 所学校，也曾是一个令人头疼的孩子。可是现在的马云是一个负责任、积极努力的创业者，也是享誉世界的名人。这多亏了他有一位伟大的父亲，父亲从没有放弃他，而是抓住他爱学英语的优点不断鼓励他，最终促使他走向成功。不得不说，马云的爸爸有一双慧眼，让在他人眼中一无是处的孩子也能成才。老师让我们读这个故事不就是在告诉我们新同学虽有不足，但我们也要去发现他的优点、接纳他吗？只有这样，新同学和我们才能快乐相处。于是在读后感的交流会上，我跟全班同学说："每个人都有优点，就要看我们能否发现它。之前，我们那么排斥小易，甚至拿着放大镜去找他的问题，怎么能看到他的优点呢？如果我们都能拥有一双发现别人优点的慧眼，那么小易一定会慢慢改变！"我的话得到了老师和同学的认可。

我们自发成立了"帮助小组"，我还光荣地成为组长。每到下课，我们就轮流陪伴小易，和他一起聊天、做游戏、给他讲题；在他和同学发生矛盾时，劝说小易，告诉他怎样做才是对的，更劝说对方同学宽容地对待他。渐渐地，我们发现了小易身上的优点：诚实、热心、爱劳动……记得有一次，他认真打扫完班级卫生，又去帮忙打扫老师办公室的卫生，累得满头大汗，却没有一丝抱怨。当

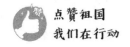
同学们由衷地给他鼓起掌时，他摸摸头，不好意思地边笑边跑出了教室。我一边为小易的进步高兴，一边想："谁不愿意成为一个受欢迎的人呢？小易身上的坏习惯绝不是他所愿意形成的，看似强势的他最需要伙伴关心，最需要温暖的鼓励，最需要他人的尊重。"

当我们练就了一双慧眼，我发现我能给别人送去关爱，我能化解伙伴间的问题，我也能从苦恼中走出来。有了一双慧眼，我们五（3）班终于再次成为学校中人人夸赞的明星集体了！

习爷爷的教导记心间——自胜者强，自强者胜

中央工艺美院附中艺美小学六（2）班　余悦文

生活中，每个人面前都有两条道路：一条看起来舒适而安逸，但到头来一事无成，这条路的入口写着："依赖，享受"；另一条需要的是拼搏和奋斗，但最终能获得人生成就，这条路的入口写着："自立，自强"。亲爱的同学们，你的选择是什么？我想习近平爷爷早已经为我们做出了选择。他15岁来到陕北农村，生活条件异常艰苦，其他的知识青年全走光了，只有他留了下来。7年的时间，他从什么都不会做到种地、做饭、缝衣样样在行。作为党支部书记的他还用自己的知识改善了村民的生活。就像他在一篇回忆这段时期生活的文章中说的："15岁来到黄土地时，我迷惘、彷徨；22岁离开黄土地时，我已经有着坚定的人生目标，充满自信。"

我们的国家、我们的民族，从积贫积弱一步一步走到今天的繁荣富强，靠的就是一代又一代人的顽强拼搏，靠的就是中华民族自强不息的奋斗精神。"自胜者强，自强者胜。"近些年，中国桥、中国路、中国车、中国港、中国网等一个个非凡的超级工程举世瞩目。射电望远镜、量子计算机、海上钻井平台、磁悬浮列车、移动支付、5G 技术等高新技术成果更是引领人们走向新时代！

自立、自强，落实到我们生活中就是自己的事情自己做。我想每一个真正爱自己孩子的父母都会早早地锻炼他孩子的自理能力。"你只要好好学习就行，其他的事情什么都不用管。"同学们，你的父母是否也说过这样的话呢？那就让我们也跟他们讲一讲习近平爷爷在陕北的故事吧。"少年强则国强，少年独立则国独立"。我们要做自强、自立的阳光少年，要相信自己，在人生的道路上，没有什么困难是克服不了的！

还记得我四年级时，爸爸妈妈给我报了伊春夏令营，准备锻炼我的独立性，让我学会自立自强。起初，我还不太相信自己，因为这是我第一次离开父母自己坐火车去旅行，那时的我没有一点安全感。可当我真正到了营地，紧张的心情就消失了，我发现这里的一切都比我想象中好得多。于是，我就放飞自我，积极、勇敢地完成老师安排的任务。7 天后，我不舍得回到家中，惊奇地发现自己的"小翅膀"就像书中说的那样慢慢变硬了。后来，我再遇到困难的时候不是第一时间去逃避它，而是想着如何去克服它、解决它。

"家是最小国，国是千万家"，千家万户好，国家才能好，民族才能好。"天行健，君子以自强不息；地势坤，君子以厚德载物。"

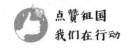
让我们努力向前，自强不息，同时拥有博大的胸怀，博采众长，为实现中华民族伟大复兴的中国梦而奋斗！

（辅导教师：胡海平）

真挚的友谊伴我们茁壮成长

北京市怀柔区桥梓镇中心小学一（1）班　朱艺菲

这就是我可爱的校园——北京市怀柔区桥梓镇中心小学。

2016年8月27日，我第一次来到这里，一下就喜欢上了这里，爱上了这里：这里绿树成荫，花儿芬芳，校舍整洁，窗明几净；这里书声琅琅，音符跳动，欢声笑语，墨迹飘香；这里的老师像妈妈一样呵护我们成长……

我爱我的校园，这里更有同龄的小伙伴：我们朝夕相处，亲如兄弟，共同学习，共同进步，共同欢笑！

我不好意思地、悄悄地告诉大家："我曾经傲慢得像个'女皇'。"我学习很好，朗读、书法、绘画、唱歌、舞蹈也都是我的长项。我每天都会被各科老师表扬。我还被老师和同学们选为我们班的班长，同学们都喜欢和我玩，争着抢着和我做朋友。渐渐地，我变成了一只骄傲的"大公鸡"，走起路来昂首阔步，觉得自己非常了不起！

"朱艺菲，让我和你们一起跳皮筋吧？"熊熊怯生生地近乎哀求地对我说。

"不行，我不和你一起玩，你太胖了！"我理直气壮地大声拒绝了她！一起玩的同学们有的嘻嘻地嘲笑她，有的轻蔑地瞥了她一眼，还有的朝她做了鬼脸。她涨红了脸，眼里含着泪水走远了！

"朱艺菲，这道数学题我不会做，你教教我吧！"

"你那么笨，上课不好好听讲，我才不教你！"我傲慢地昂着头对榕榕嗤之以鼻。

"你太脏了，不讲卫生！"我捏着鼻子嘲笑译译。

"啊，哈哈哈……你做操的动作太难看了！像个大笨熊！"我朝着满头大汗的硕硕大笑着喊道。

"你穿的这件衣服太可笑了！"看着打扮得像个小公主似的彤彤，我酸溜溜地嘲讽道。

就这样，我身边的同学、朋友越来越少！我很孤独、很失落，也很难过，笑容从我的脸上消失了，学习成绩也大不如从前了。

有一天下课，我独自一人呆呆地坐在座位上。班主任于老师走了过来，和蔼地对我说："朱艺菲，怎么不和同学们一起去玩？"

我低声说："他们不找我，我也不找他们。"

"那你知道为什么他们都不找你玩吗？"

"我……好像知道，又……好像不……知道。"我吞吞吐吐地说。

于老师把我揽在怀里，语重心长地对我说："你是一个优秀的孩子，正因为这样，老师和同学们推选你做了班长，也说明了同学们对你的喜爱和信任。你看到同学的缺点应该帮同学改正而不是疏远和嘲笑他们……"听着老师的话，我的鼻子酸酸的，忍了好多天

的眼泪再也憋不住了，哗哗地流淌下来。

老师一边帮我擦着脸上的泪水，一边说："和同学在一起，要互相帮助、互相体谅、互相学习……"

老师的话让我阴云密布的心里涌入了灿烂明媚的阳光，令我豁然开朗。从此，和同学在一起，我不再嫌弃他懒惰，而是主动提醒他抓紧时间做作业；我不再嫌弃他脏，而是要求他勤洗手；同学有了困难，我还主动去帮助……渐渐地，好朋友、好伙伴重新回到了我的身边，团结、友爱、谦让让我们和谐共处，真挚的友谊让我们在和谐的校园环境中茁壮成长！

我爱我的校园，这里有朝夕相处、共同学习、共同进步、共同欢笑的小伙伴！

（辅导教师：于雪莲）

学会欣赏　共享幸福

北京市延庆区旧县中心小学五年级　徐瑛泽

最近我阅读了《阳光校园　我们是好伙伴》一书，心情豁然开朗，收获满满。它犹如一碗心灵鸡汤，拂去我心灵上的尘土；犹如一位心理医生，解决我一个个问题；犹如一盏盏明灯，指引我前进的方向！

半个月前，我接到了班主任老师的通知，让我代表延庆区小学组参加市级演讲比赛。我当时听到这个消息，以为自己听错了，城区直属校那么多比我优秀的选手，老师怎么会选我呢？赵老师对我说："有评委推荐你参加，一定是欣赏你的演讲吧！还有一个原因就是想给咱们乡校的孩子们一个锻炼学习的机会。"听了这话，我的心情有些忐忑。记得参加区级演讲比赛的时候，我虽然也顺利完成了演讲，可总觉得自己不如别人，听到别的选手讲得比我好，羡慕、嫉妒种种复杂的心情涌上心头，就如同每次考试，谁比我的成绩好，我都闷闷不乐，有的时候还和同学莫名其妙地发脾气……

"人们总是喜欢为自己获得成功而欢欣喝彩，认为那是一种无尽的享受。可是否有人知道，当你欣赏他人，为他们的成绩喝彩时，那其实也是一种享受，更是一种幸福。"书中的这段话又浮现在我的脑海，让我的心里顿时洒满了阳光。我以前为什么不能用欣赏的眼光看待比我优秀的同学呢？我们每个人的身上都散发着不同的美，每一种美好的品质都是令人向往的。任何时候，学会用欣赏的眼光看世界，看待你周围的人，你就会更坦然地面对一切。

有一个盲人打灯笼的故事让我记忆犹新。这个故事说的是一个盲人在夜间走路，总是打着灯笼。旁人窃笑不已，问他："你走路打灯笼，岂不是白费蜡烛？"盲人正色答道："我打灯笼是为别人照明的，他们看见了我，就不会撞到我了。"盲人的这种为他人着想的想法，难道不值得欣赏吗？是的，你用灿烂的光照亮了别人，其实就是照亮自己。

欣赏是阳光，是雨露，是冬日里的一把烈火；欣赏是玉液，是琼浆，是夏日里的一片绿荫。让我们学会欣赏，让我们温暖别人；

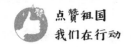
让我们学会欣赏，让我们给别人带去清凉的感觉。同学们，让我们为身边的优秀伙伴喝彩吧，这样你就会丢掉嫉妒的烦恼，多了学习与奋进的力量！

此刻，我这个在乡下上学的孩子能站在今天的演讲台上，正是因为有了老师的欣赏和鼓励。我骄傲，我幸福！同学们，学会欣赏，让我们共享幸福吧！

（辅导教师：赵新影）

行路难，坚持为先
——读《阳光校园　我们是好伙伴》有感

北京市密云区果园小学六（3）班　陈志奕

阳光少年，诚实守信，乐观向上；阳光少年，勇于实践，乐于助人；阳光少年，敢于担当，以身作则……寒假期间，我有幸读了《阳光校园　我们是好伙伴》这本书。合上书，我的内心久久不能平静，我仿佛看到了两弹元勋邓稼先先生、诺贝尔奖获得者屠呦呦……在他们身上，有一种永恒的光芒在闪烁，这种光芒值得我们学习和敬佩。从学者到科学家，从小事到伟业，他们最终之所以能成功，是因为他们心中始终有一种信念，这种信念指引了他们前进的方向。它就是——坚持。

"水滴石穿"这个道理我们每个人都懂得，然而为什么对石头来说微不足道的水滴能把它滴穿？说透了，这还是因为坚持。一滴水的力量是微不足道的，然而许许多多的水滴坚持不断地滴向石头，就能形成巨大的力量，最终把石头滴穿。

坚持，犹如夜空中的启明星，永远指引着我们前进的方向，从不会暗淡；坚持，是一艘破冰之船，它总能为你破除障碍；坚持，是一种信念，当我们意志消沉时，想到它，会令你不惧险阻；坚持，是融入中华民族血脉之中的精神力量，忆起它，会令你忘记伤痛，在茫茫的荆棘丛中继续前进，获得"柳暗花明又一村"的感受……坚持，它那岁月的磨痕并未使它被遗忘！看见它，我似乎看见了大禹在进行历时13年的治水，仿佛看见了被挖去膝盖骨的孙膑在指挥战斗，似乎看见了陈平忍辱读书、王献之依缸习字、李清照少女填词、文天祥少年正气、朱元璋放牛读书……他们的故事也印证了两个字——坚持。记得上五年级时，在老师布置的作业中，有一道数学附加题让我耿耿于怀。那道题很难，当我做完了其余的全部作业时，我又面对那道题，将正准备放下的笔重新拾起，思考了10多分钟，可还是无果而终。月光照着我的身影，转眼天色已晚。我知道，我可以随时去问爸爸而终结今天的困惑，但我选择了坚持。我移开椅子站了起来，又移回椅子坐了下去，就这样折腾了很久，并不时地用笔尖轻点桌子……我要坚持，坚持！终于，功夫不负有心人，在几分钟后，一个灵感在脑海里出现了……那时的喜悦，是无法用言语表达的，仿佛我是世界上最美、最幸福的人！

"黄沙百战穿金甲，不破楼兰终不还"，是边塞将士守卫祖国边疆的坚持；"千淘万漉虽辛苦，吹尽狂沙始到金"是清官对正义的

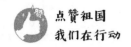

不懈坚持；"逆水行舟用力撑，一篙松劲退千寻"是逆水中的行舟不进则退的坚持。历史长河延绵不息，坚持犹如战场上最后一面旗帜，鲜得血红，飘得逸然，在人们的心里扎下深根。

运动员的坚持，是永不言败的坚持；科学家的坚持，是研究万象的坚持；而书法家的坚持，是苍劲、有力的坚持！

虽然我不精通书法，字写得很一般，但我还是用毛笔写下了"坚持"两个字，并将其裱了起来，挂在我卧室的墙上，用来激励我自己。因为，我知道，只有坚持才能脱颖而出，只有坚持才能反败为胜，只有坚持才能成功。正所谓："有志者，事竟成，破釜沉舟，百二秦关终属楚；苦心人，天不负，卧薪尝胆，三千越甲可吞吴。"

（辅导教师：曹洪珍）

2017

"阳光校园　我们是好伙伴"
主题教育读书活动

中学组

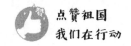

— 一等奖 —

我的高中好伙伴

北京工业大学附属中学高一学生　次仁桑吉

大家好，我是来自雪域高原的藏族学生，现在就读于北京工业大学附属中学。我今天演讲的题目是《我的高中好伙伴》。

由于国家对我们少数民族的优惠政策，我来到了北京，接受了更好的教育。学校细心地为我们安排好了一切。各种生活用具、学习用品都已经为我们准备好了。在小假期，老师还会带我们到外面远足，让我们开阔视野。很快我们就适应了新的环境。

最近，我读了一本叫作《阳光校园　我们是好伙伴》的书。令我感触最深的一个故事是山西师范大学"学霸宿舍"的8名女生。她们来自不同的地方，性格也迥然不同。但她们相处得如亲姐妹一样，相互包容、相互支持，最终一同走进了名校读研。

和"学霸宿舍"相比，我们班的41名同学来自不同的民族，有汉族、回族、满族、藏族……从开学到现在，我们一直相处得很融洽，相亲相爱就像一家人。我们主动聊起了彼此的家乡，这样很快就拉近了我们之间的距离。我们教来自其他民族的同学说藏语、写藏文，他们则给我们辅导数理化。然然是我们班的学习委员，她现在已经学会用藏语进行简单的自我介绍了。她平时在学习和生活上对我们帮助很大。她的表哥结婚，她也不忘给我们带点喜糖，像然然这样的同学不止一人。在工大附中，我们是高一（7）班的一分子。学校的活动，我们都一起参加。每期的黑板报，我们也共同完成。

同学们也非常尊重我们的风俗习惯。记得刚开学的时候，每当午休的预备铃响后，我身后的小雨就会主动起来拉窗帘。她的右手拉着窗帘从我的头顶掠过。一开始，我心里有些不舒服。按照我们的风俗习惯，头顶是非常神圣的，除了喇嘛、长辈以外，其他人不能随便抚摸或掠过别人的头顶。但是我想起妈妈说的那句话"不知者无罪"，觉得不应该与她计较。想跟她交流，又怕以后不好相处。所以一直没有说。后来在一次党校的课程中，老师向全班同学介绍了一些藏族的民族风俗，希望我们能互相包容、相互尊重。小雨一下子就明白了。后来她每次会先把窗帘拉到我前面，再走到我后面把窗帘拉好。

虽然我们来自不同的民族，有着不同的风俗习惯，但在工大附中这个大家庭中，我们相互尊重、互相帮助。学习上，我们也相互激励，互相合作。也许，若干年后，我可能会忘记黑板报上写过的藏文、教学楼指示牌上的双语提示、南楼墙上的巨幅画像——布达拉宫。但是，我永远不会忘记我们之间真挚的情谊、诚挚的微笑、

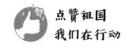
温暖的话语。

感谢国家给我们的好政策，让我有了走出家乡、来到北京学习的机会；感谢我的阳光校园给我们创造的好环境；感谢我的贴心小伙伴，使我的高中生活幸福而多彩！

我的演讲到此结束，谢谢大家！

（辅导教师：王立军）

小乐团的协奏曲

北京市牛栏山一中实验学校初二（5）班　刘偌溪

打开《阳光校园　我们是好伙伴》这本书，我被深深地吸引了。书中那感人的故事，不论是居功至伟的领袖还是默默无闻的普通人，不论是无疆大爱还是涓涓小善，都像一盏盏明灯照亮了我们的青春之路！掩卷凝思中，一张张可爱的脸庞跃然浮现，我想起了他们——我的小乐团成员。今天就让我为您讲一讲我的小乐团的故事。

我们乐团是牛栏山一中实验学校古筝乐社。之所以小，是因为乐团只有9位成员、9架古筝。别看人数少，可我们几次代表学校参加顺义区艺术节比赛都荣获了一等奖。在我们当中，有一位特殊的女孩小张，她是一位只能用左手弹奏的乐手，她的右手是在一次车祸中失去的。

那是一个下雪后的周六上午，乐团照常集训。但是过了约定时间半小时，还不见小张来。我们不免抱怨起来，因为她是一声部声部长，没有她，我们就没法完整地排练。这时，乐队指导王老师接到了一个电话。王老师震惊地告诉我们，原来小张在骑车来学校的路上滑倒，不幸被车轧了，已经被送到医院。经过医生们的竭力抢救，小张的生命被挽救了回来，但是她的右手却永远失去了。

我们到医院看她的时候，她蜷缩在病床上，消瘦又消沉，把头埋在被子里伤心地哭着。没有右手，她再也不能和我们一起弹古筝了。瞬间，大家都哭了。这时，我们的王老师说了一句话："右手没了，不是还有左手吗？别伤心了，好好练，一只左手照样能弹奏出好的曲子！"我们仿佛看到了希望，默默下决心要尽全力帮助小张重拾自信，不能让她掉队！接下来的日子，我们轮流去医院照顾小张，陪她说话，帮她学习。指导老师也开始教她如何适应用左手弹奏古筝。

经过一段时间的休息调整，小张终于带着久违的笑容归队了！过去领衔乐团的她，现在却成了最辛苦、最吃力的一个。但是她没有放弃，用左手的五根手指，拨响琴弦，刻苦地反复练习着！王老师也费尽脑汁挑选曲目，专门为了小张将几首乐曲进行了特殊的改编。学校的排练室里，经常传出一首首小乐团的美妙协奏曲！

付出终有回报！我们的 9 人小乐团捧回了北京市中学生艺术节专项比赛奖杯，荣幸地登上了中山音乐堂的舞台，还迎来了迎新春中学生节目展演。小张凭借左手娴熟的弹奏和自信的表情，与我们完美配合，赢得了在场所有人的热烈掌声。

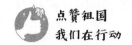

故事讲完了，我也将在今年秋天升学离开乐团。留下的是我和伙伴们不惧挫折的精神，我们一起努力、一起成功、一起前行！我们收获了友情，磨炼了技艺，更明白了一个道理：只有不怕困难、密切协作、共同肩负使命，才能演绎出最动人的青春协奏曲，奏响最华丽的人生乐章！

我的演讲完毕，谢谢！

（辅导教师：樊宏宇）

—— 二等奖 ——

我为安安点赞

北京市房山区第四中学初一（9）班　王薪晔

你一定读过《轮椅上的霍金》这篇文章吧？霍金是世界公认的科学巨人，他的身体没有离开过轮椅，但是他的思维却飞出了地球，飞出了太阳系……

我一直以为这样的人物只能在课本上出现，但没有想到，就在我的身边、就在我的班级，也有这样一位同学。

每天清晨，迎着灿烂的阳光，同学们陆陆续续地走进美丽的校园。这时，一位黑瘦的老人，推着轮椅也准时走进校园。轮椅上的男孩有着明亮的双眸、清秀的脸庞，他斜靠在轮椅中，始终展露着坚定的笑容，他就是我们（9）班的安安。

入学第一天，这位普通而又特殊的同学就成了我们班的焦点。大家很快地认识了他、了解了他。

安安上幼儿园的时候就被确诊为进行性肌营养不良病，也称

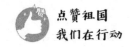

DMD。这种病是一种先天性遗传病，是一种严重的儿童神经肌肉病，持续性肌肉萎缩是这个病的病征。患者一般在 5 岁到 15 岁出现症状，通常在 12 岁前失去行走能力，最终因心肺功能衰竭而死亡。这个不幸的消息，无疑给了安安巨大打击。本来是秋高气爽的湛蓝天空，现在却是一片坍塌的黑暗。他的病情在不断恶化着。四年级的时候，走路已经很吃力了。一不小心又摔伤了双腿，在家休养了 50 天之后就彻底不能走路了，只能靠那一把轮椅度过一生。那时的安安一度想放弃学业。他觉得自己很孤单，校园很美，他却无法走遍每一个角落，因为他不想麻烦同学们。操场很大，他却只能用眼睛丈量它的长度，趴在窗户上，远远望着同学们在沸腾的球场上挥汗如雨。他心里难受，他真的好羡慕！

后来，由于老师的鼓励、同学们的帮助，姥爷、妈妈的支持，安安还是凭借顽强的毅力，顺利完成了小学的学业，并以优异的成绩考入了房山第四中学，成为了一名中学生。他成为了我们的好伙伴，他和我们一起在（9）班开始了充实而又快乐的生活。

开始，同学们都认为安安有病在身，行动不便，肯定会受到老师们的格外照顾。可是事实并非如此。安安每天按时到校，从不请假，要是发烧了，吃点药就来了，不会因为身体的原因落下一节课。任何活动，安安从未缺席。每周升国旗时，他都让同学们把他早早地推到操场，凝视着国旗冉冉升起、高高飘扬。这是他对国旗深深的尊敬与热爱。在我们上体育课、做课间操的时候，他都默默地守在一旁，静静地看书，感受书中的大千世界。课堂上，虽然他的声音不大，但他能积极回答问题，紧跟老师的思路，认真记笔记。安安的手力量越来越小，他的字也不漂亮，可是他的作业永远都是保质保量地按时完成。其他同学能做到的，安安就能做到。考试考得好，他和我们一起受表扬；考得不好，他和我们一起努力。没有人因为他身体上的原因特殊照顾他，他也从不允许别人对他区别对待。

那次元旦联欢会，我说："安安，你渴吗？喝口饮料吧，可好喝了。"安安说："我不渴，不想喝。"这时他只能眼睁睁地看着我们喝，时而还抿抿嘴。后来我才知道，安安是怕上厕所。他每天早晨都不吃带汤的东西，他真的不愿意给老师和同学们添麻烦。多么善良，多么有心的安安啊！

安安是一个爱笑的男孩，如果你只看他的表情，绝对想不到他忍受着病痛的折磨。他的笑容每天都洋溢在脸上。他的笑有时是腼腆的、有时是豪放的，当我遇到困难的时候只要看到他的笑，就会浑身充满力量。他说他最佩服的一个人叫作廖智，最喜欢的一本书就是廖智写的《感谢生命的美意》。廖智在地震中失去双腿，却没有放弃希望。她带着假肢前往雅安当志愿者，她跳的《鼓舞》舞出了自己新的人生，她面对逆境的乐观和勇气，一直激励着安安。这是安安微笑着告诉我们的。

那是一次朗诵比赛，早就知道我们班要排练一个集体的朗诵，先是校内选拔，再去区里参加比赛。当得知这次活动安安也要参加的时候，大家还是很惊讶的。因为这次活动从排练、选拔到比赛，至少也得一个月的时间。这期间还会占用同学们大量的课余时间。从背稿、排练到彩排，全班师生都觉得很辛苦，更何况安安了。可

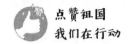

安安在这次活动中，始终和我们在一起；朗诵稿他是第一个背下来的，排练时他的声音虽然不是很洪亮，但始终流利顺畅，他从未读错过一个字。他为了不给同学们添麻烦，就尽量少去厕所，大家都读得口干舌燥的时候，他只是拿起水瓶抿一小口。大家大口大口喝水的时候，他又到一旁默默地背稿去了。安安的一举一动感动了我们每一个人，大家一字一句地朗诵着，每一个语调、每一个手势，都经过无数次的纠正。功夫不负有心人，我们班的朗诵在校内脱颖而出，就要代表学校参加全区比赛了，排练强度更大了。中午在校排练，他和我们在一起；下午放学后排练，他还和我们在一起。安安的坚持和顽强，让我们每一个人都备受鼓舞。大家严格按照老师的要求，精心排练，盼望着比赛的日子早点儿到来。当我们信心百倍地推着安安走到比赛的舞台中央，展开队形，面对广大观众的时候，其实我们每个人心里都坚信，只要有安安在，我们一定能凭借全班出色的表现，取得优异的成绩。随着我们朗诵的最后一个音符完美地落下，全场的掌声已经告诉我们结果，安安和我们手牵着手，开心地笑了。获得最佳朗诵奖的我们做到了实至名归！

这就是我们的安安，我们（9）班不可或缺的一员。他那永不放弃、顽强坚持的精神，鼓舞着全班每一个人。安安凝聚了（9）班，我们齐心协力，共创佳绩，勇往直前，绝不言弃！安安，你的足迹将遍布世界！我为你点无数个赞！

（辅导教师：田　红）

阳光校园　我们是好伙伴

北京市延庆区第五中学高二（12）班　张浩楠

手捧着《阳光校园　我们是好伙伴》，我被书中俞敏洪、屠呦呦、邵逸夫等人的故事所打动。书中的故事让我懂得：做一个阳光少年，要自信开朗，勇敢前行；做一个阳光少年，要谦逊合作，携手共进；做一个阳光少年，要心怀感恩，温暖他人。

最打动我的是对同学友爱帮助的毕明哲。看到患有先天性肌无力症的王理无奈等待家人来接时，他拍着自己的肩膀，说："我背你回家。"这一背就是三千日夜，这一背就是一万公里。有人感叹他背负的沉重，而毕明哲说："我背负的不是体重，而是兄弟！"

我们的校园，本来就是充满阳光、温暖的地方，但是，有时也会出现不和谐的音符，那就是校园暴力。

近年来，校园暴力事件屡见报端。南安小学生被扇 25 个巴掌，永安初三男生遭群殴导致脾被切除，重庆女生被 5 名同学围殴打成 10 级伤残，等等。一件件事情触目惊心。

也许有人会说："校园暴力与我们无关。"但其实它就在我们身边。我就目睹过这样的事件。一天，学校大门口不远处，一伙同学将李某团团围住，三言两语之后，便对李同学一顿拳打脚踢。幸好保安及时赶到，没有造成严重后果。后来得知，这一暴力事件仅仅

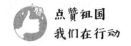

因为打饭时彼此发生了口角。虽然打人的同学最终受到了相应的纪律处分，但被打的同学心灵上却永远留下了阴影。

面对这样的事件，我不禁思考，朝夕相处的同学，何至于大打出手？同学间的友谊哪里去了？校园的文明哪里去了？

幸运的是，校园暴力已经引起了全社会的关注，成为全国"两会"的重要议题，人大代表刘希娅强烈呼吁修订相关法律法规，将中小学生校园欺凌和暴力惩戒纳入立法范围。教育部部长陈宝生明确表示："校园暴力是犯罪，是违法行为。"

多么掷地有声的表态！多么振奋人心的法规！此时我想对施暴者说："请你赶快停下粗暴的拳头，任何欺凌的行为必将受到法律的制裁！"我想对受害者说："不要害怕，法律的力量、制度的保证是你们坚强的后盾。相信我吧，邪不压正！"我更想对所有人说："让我们用温柔去对待倔强的人，用宽容去感化苛刻的人，用热情去融化冷酷的人，让那闭锁的心多感受一些温情！"

我相信，我们一定都能看到这样的场景：走进任何一所校园，处处是幽香鸟鸣，花红草青；同学们团结互助，书声琅琅，笑靥如花。这才是我们美好的校园！这才是我们理想的校园！在这样的校园里，让我们敞开怀抱，一起健康快乐地成长。让和谐的校园给我们留下青春的回忆，让文明的校园给我们精神的滋养。让我们的校园气正风清，让我们的校园充满深情厚谊！亲爱的同学们，让我们行动起来，做阳光少年，共建阳光校园！阳光校园，我们是好伙伴！

（辅导教师：杨文丽）

成长中的阳光少年

首都师范大学附属中学永定分校高二（1）班　陈梦缘

阳光校园不是梦，好伙伴就在校园中。

我们的好伙伴就是我们班班长。在我的心目中，班长应该不是班花也是学霸，可我们这位班长，真让人提不起神来。长得小鼻子小眼不说，还有点儿黑、有点儿胖。虽然嗓门洪亮，但话太多……总之，我讨厌他。

至于原因，那可就说来话长了。我是在课外班认识他的，他当时给我的印象就是话太多。有一次，我正在低头思考一道难题，刚有了思路，就被他的声音打断了，我十分愤怒，就冲过去，冲他喊道："小声点儿，你吵到我了！"就这样，我们之间有了矛盾。

巧合的是，上初中后，我们俩居然在同一所学校同一个班级。我对他有更多了解的同时也更讨厌他了。不为别的，就因为他成绩没我好，还总是一副吊儿郎当的样子，却出人意料地成为了班长。我的心里满是对他的不服气，总是拆他的台，对他冷嘲热讽。

校运会的召开，牵动着全校师生的心。班长是运动场上的主力，多亏有他，我们班每次的比赛都能取得不错的成绩。这次，班长无例外地报满了项目。不负众望的他取得了男子短跑和跳远的冠军。接下来将要进行的是男子1500米的比赛，比赛前班长的脸色

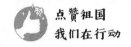

不是很好，大家都很关心地询问他怎么了。班长摆了摆手道："没事，没事，我能有什么事？"大家见他这样都放了心，紧张地等待比赛的开始。

发令枪响，运动员们立刻像离弦的箭一样飞奔出去。班长当然处在领跑的位置，可随着比赛的进行，我们总觉得班长的步子有些凌乱。赛程过了大半，我们都发现了班长的不对劲儿，他的脚一瘸一拐好像还很吃力的样子。大家一时间慌了神，看着正在进行比赛的班长，我们的表情越发凝重，班长的身体状况实在太让人担忧了。我们担心又着急，却不知如何是好，只能扯着嗓子给他加油。班长脸色苍白，却还是没有选择放弃而是坚持了下去。在最后的赛程里，班长用尽了全力，跑过我们面前时我们仿佛都能看见他的肌肉在颤抖。脑门上渗出了汗珠，他却一直咬紧牙关、眉头紧锁、用尽全力，苍白的脸涨得通红。班长努力迈出步子，但每迈出一步都像忍受着巨大的痛苦。终于，他在我们嘶哑的加油声中冲过了终点，一下子栽倒在了跑道上。我们焦急地一窝蜂似的围了上去。在我们的追问之下，班长才告诉我们，跳远时他不小心伤到了脚腕。不想让大家担心，不想拖班集体后腿，才没有说出来。我听后又生气又感动，看来班长还是一个有担当的男子汉啊！真是惭愧，嫉妒心蒙蔽了我的双眼，差点错失一个优秀的小伙伴。

从那以后，我越来越多地了解了班长——他诚实守信，乐观向上；他勇于实践，乐于助人；他勇于承担，以身作则，恰似一缕阳光驱散我心中的阴霾。班长和同学们成了亲密的好伙伴。

阳光校园是我们学习生活的空间，是我们结识小伙伴并互相帮助、共同学习的园地，也是我们茁壮成长的家园，让我们汇聚人生七彩的智慧，凝聚你、我、他的力量，共同书写阳光少年的辉煌篇章。

（辅导教师：杨青泉）

信任我的队友

北京市潞河中学初一（7）班　潘静宜

寒假里，《阳光校园　我们是好伙伴》带着墨香，走进校园，走进我的生活。它似一缕阳光，照亮了我的世界；它如一泓清泉，滋润了我的心田。

在书中，我最喜欢的文章是《信任我的队友》。它为我们讲述了小巨人姚明与队友麦蒂共同带领休斯顿火箭队创造 7 周不败、连胜 22 场纪录的故事。这个故事告诉我们，一个团队，在困难的时刻，只有相互信任才能创造佳绩。我牢牢地记住了这个道理并因此获益匪浅。

那是一次舞蹈比赛。我坐在区青少年舞蹈大赛候场大厅，没有了往日的兴奋，总感觉提不起精神。因为就在前一天，我的黄金搭档出了意外：他在体育课上崴了脚，还打了石膏！老师给我找来了新搭档，可我心里一直在打鼓："他行吗？"

新搭档也是坐立不安，一会儿起身踱步，一会儿怯怯地看看

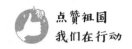

我。人一紧张就容易这样，我明白。

比赛开始了。昔日的竞争对手表现出色，形成了强大的气场。他们无论是步伐、灵巧度，还是配合的熟练程度，都让我心里越发没底。

一阵掌声响起。我猛然惊醒。此时此刻，我该怎么办？我想起了姚明和麦蒂。对，像他们那样，信任我的队友，共同面对困难！

于是，我用信任的目光，驱散了他眼神里的忧虑；我用轻松的微笑，平静了他内心的慌乱。

我轻轻地对他说："我相信你，你的能力是一流的，我们一定能取得好成绩。咱俩商量商量怎样配合好吗？"他眼睛亮了，僵硬的脸也变得温和起来。我们低声地分析着比赛的要求，商量着在步速、步距、出步方向方面应注意的地方。我握着他的手，那手也不再冰凉。此时，就像明媚的阳光射进比赛大厅一样，我们的内心都温暖无比。

那一刻，力量在凝聚，自信在回归。而信任，就是这力量和自信的源泉。

经典的《高山流水》轻轻响起，我和搭档相对一笑，拉起手，优雅地走向赛场……

"器宇轩昂、刚劲挺拔、潇洒豪放"，我悄悄提醒着他。"温柔从容、舒展大方、飘逸优美"，他也悄悄地提醒着我。就这样，我们相互配合，把我们的舞蹈表演得典雅华贵、轻快流畅，还顺利完成了两个精彩的难度动作组合。

音乐伴随着我们的最后一个动作缓缓停止。我们的耳边响起热烈的掌声。谁都没有想到，我们进入了前三名，成功了！

那一刻，"信任我的队友"这六个字，又浮现在我的脑海。谢谢它们陪伴着我走过了这段难以忘怀的路程，虽然这段路并不长。

《阳光少年　我们是好伙伴》真的是一本好书。那些生动的故事、深刻的道理，总是让我久久回味，铭记在心。我深信，它必将引领我开始新的航程，伴随我扬帆远行！

谢谢大家。

（辅导教师：鲍志军）

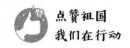

—— 三等奖 ——

我永远的榜样

北京教科院燕山向阳中学初二（1）班　王永郅

大家看我高高的个子，健康结实、阳光帅气，其实我在小学三年级时曾得了一种叫"抽动障碍"的病，就是不由自主地发出怪声，有时还控制不住地乱动。有一次，我下课管不住自己，东冲西撞，瘦瘦的小刘同学被我推倒，重重地磕在桌角上，他含着泪花对老师说："我不疼，我原谅王永郅。"我知道自己闯祸了，很羞愧，竟然一下子也不出怪声了，安静了一整天。我有时就想："为什么得病的是我？老天对我不公平！"

后来，学校发给我们《阳光校园　我们是好伙伴》这本书，我认真阅读，其中一篇《追寻梦的翅膀》最打动我的心。

周明珠，一个普通的无锡姑娘，18个月大的时候因高烧患上了小儿麻痹症，成为残疾人，可是她一直努力克服病痛，凭着坚强的毅力，用一根手指在键盘上敲出12万字的自传小说《追寻梦的翅膀》。她还担任主持，主持一档为残疾朋友开办的节目《明珠有约》。

周明珠自幼残疾，若是一个普通人，恐怕单纯生活下去都会觉得痛苦困难，可她却用自己残疾的身体谱写出了生命最灿烂的乐章。她的微博上有这样一句话："轮椅禁锢了我身体的自由，却禁锢不了我渴望飞翔的心！"

想一想，我比她幸运多了。从此，周明珠这个名字在我心中时时闪烁。

除了无锡姑娘周明珠，我还有一位榜样叫布莱德。那次，我和小吴同学发生矛盾，互相揪着找到班主任郭老师。我俩都很委屈，抢着告状。郭老师没有批评我们，而是在电脑上找了一部美国电影，片名是《叫我第一名》。我俩肩并肩地一起看电影。

片中的主人公布莱德 6 岁时得了和我一样的抽动障碍，无法控制地发出噪声和抽搐痉挛。他小学时不被周围人理解。初中的一次音乐会上，校长巧妙地让大家了解了布莱德的真实情况，让大家知道他并不是故意作怪，布莱德从此变得自信起来。大学毕业后，布莱德应聘了 25 所学校，最后，第 26 所学校聘用了他，他成为一名教师。从此布莱德的人生充满阳光。

看完电影，我和小吴手拉手和好了。我从电影里受到鼓舞，我和主人公布莱德多么相像啊，他能从一个自卑的小男孩成长为一位英俊老师，我也行。

有了周明珠、布莱德两位榜样，我现在积极向上，阳光快乐。在燕山地区中学生艺术节上，我不仅弹奏钢琴，为学校大合唱伴

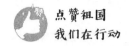

奏，我还是管乐团的鼓手。我用专注抑制了抽动！班里举行的百词大赛、查字典比赛、古诗词大赛，我都名列前茅。老师们都夸我："王永郅变化真大，他战胜了疾病的干扰，取得了这么好的成绩，是大家的榜样！"

每个孩子都是一颗花的种子，只是花期有早、有晚；每个人都要经历风雨，要在风雨中坚强长大。今天我站在这个舞台上，就是最好的证明！

周明珠，你是璀璨的明珠，是我永远的好榜样！

（辅导教师：郭燕玲）

放心吧，有我们在
——《阳光校园　我们是好伙伴》演讲稿

北京市丰台区十二中初二（7）班　陈可一

各位老师、同学们，大家好！我是来自北京十二中初二（7）班的陈可一，我演讲的题目是《放心吧，有我们在》。

阳光不燥，青春正好。每天早上走进教室，三三两两的学霸聚在一起讨论难题，慵慵懒懒的同学在座位上补作业。不过更多的声音是以下这些：第一个话题是游戏："唉，昨天王者55开黑了知道吗？你真渣，我早都上黄金了！"第二个话题是八卦："我昨天就是看到他俩在一起走来着，绝对有问题！"最后一个话题是学习："下周就要期中考试了，有谱儿了吗?"唉! 这就是属于我们的青春，属于我们的小新闻。

4 月的那个早上，阳光温暖，校园美丽，熟悉的伙伴们正聊着天。正当聊得热火朝天的时候，我们班的"百事通"来了一句:"知道吗，××班的那个大学霸好像生病了，现在还在住院呢，搞不好连这次的考试都参加不了啦!"一个声音带着一丝庆幸传来:"太好了，我又少了一个竞争对手!"这时候，班长发话了:"你有没有良知啊，她得的是白血病……"顿时，一切声音都没有了，死一般地沉寂。过一会儿，一声担忧小声传来:"有没有什么大事啊?""现在刚检查出来，准备化疗呢。"听到这儿，我的心也随之一沉。此后的几天，大家似乎突然对游戏、八卦、考试什么的都不感冒了，每天无意义的闲聊变成了认真的讨论，讨论着那个不幸患了白血病的小女孩。这时候我意识到，作为生活委员的我，必须做点什么了。

我召集了班委帮我出谋划策，再找班主任请示，最后决定在班中开一场公益的拍卖会，拍卖款都捐给患病的那个同学治病。

回到家之后，我翻箱倒柜地找。什么东西才能卖出个好价钱呢? 最后，我找出了一些毛绒玩具和书，还有我最心爱的"晴天娃娃"。周一的拍卖会如约而至，台上已经摆了一堆花花绿绿、稀奇古怪的东西，有压一下就面目全非的软玩具、按一下就蹦出的吓人蛇，还有一碰就咯咯直笑的机器宠物。小孙同学更是别出心裁，他用一张白纸收集了我们班所有任课老师的签名，也打算拍卖。

这次拍卖会上，大家都果断地出十分高的价钱买这些拍卖物

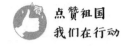
品。还剩下最后两本双语书，班中谁也没有要的意思，这时班主任于老师挺身而出，豪爽霸气地说："这两本我买了，200块钱！"全班人惊呆了，万万没想到最后的主角光环居然被于老师给抢去了。但我心中却是满满的感动，为老师的慷慨而感动，为同学们的热情而感动。

拍卖会结束后，还有很多人过来捐钱，厚厚的一沓满载着师生情谊的3343元钱被我们装进了粉红色的信封。当我们在信封上写下"放心吧，有我们在"的时候，心中都无比地自豪。

在《阳光校园　我们是好伙伴》这本书中写道："如果只盯着自己的利益，你就分享不到他人的快乐，享受不到助人为乐的幸福。"一个班级、一所学校，当它的成员都团结友爱起来的时候，才是这个班级、这所学校真正和谐的时候；一个国家，当它的公民都出入相友、守望互助的时候，才是这个国家真正进步的时候；一个民族，当它的成员都心比心、心连心、齐心协力向前进的时候，才是这个民族觉醒的时候。让我们尝试着互相关心、互相爱护，在别人需要帮助的时候伸出援手。只有这样，当我们遇到困难需要帮助时，才会有人伸手相助。

正如一首歌中唱的那样："我们共风雨，我们共追求，我们珍存同一样的爱！"

（辅导教师：付　红）

一路同行　一起成长

北京市大兴区采育中学初二（2）班　郑　杨

对于腾讯 QQ 软件，我们大家都再熟悉不过了。它是我们最常用的社交平台之一。可是，有谁知道腾讯公司是怎么建立的，这其中又有怎样的故事？它的故事对我们个人的成长与发展有何启示？今天我演讲的题目是《一路同行　一起成长》。

1988 年秋天，马化腾与他的同学张之洞"合资"注册了深圳腾讯计算机有限公司，之后吸纳了三位股东。为了避免彼此争权夺利，马化腾在公司成立之初就与同伴们约定：各展所长，各管一摊。5 个人一共凑了 50 万元，虽然主要资金都是由马化腾出，但他却主动把自己所占的股份降到 50% 以下。

腾讯的创业团队能长期保持稳定的关键因素，就在于搭档之间的"合理组合"。同学们，我们在学校的学习生活，不也正需要这种"合理组合"吗？

记得有一次物理课上，老师要求我们动手制作鸡尾酒。事先，老师把我们分成了几个小组，并告诉大家："由于程序复杂，小组成员要互相配合，要不然很难制作出鸡尾酒。"我一开始觉得没有什么，不就是调制一杯酒吗？我可是我们组的组长！我自己一个人照样能做成。我忽视了组员的存在，手忙脚乱地独自完成了第一次

247

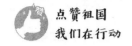

实验。结果大家可想而知，以失败而告终。第二次，我再也不独自逞强，给每个组员都进行了明确的分工：有的同学负责榨果汁、有的同学负责写实验报告、有的同学负责勾兑，我负责指挥协调……结果，我们轻松地成功完成了第二次实验。之后，我在思考：我们的物理实验和马化腾创业不也是同样的道理吗？如果我一个人把实验工作都做了，便可能形成一种"垄断"，其他同学根本就没有锻炼的机会。倘若我们每个人都各干各的，没有一个主心骨，那实验也照样做不成。只有大家心往一处想，劲往一处使，才能把事情做好、做成功。

是呀，一个人的力量是有限的，而团结的力量则是无穷的。同伴之间的合作多么至关重要。在我们的校园生活中不也需要这种精神吗？我校组建了多个社团小组，我有幸成为啦啦操小组的成员。老师告诉我们今年的五六月份，要参加市、区两场操舞系列比赛。我们特别兴奋也特别担心，因为我们 14 个队员，没有一个同学参加过专业训练，要和市、区的同学角逐，心里还真有些发怵。时间紧、任务重，为了不耽误文化课，我们就利用午自习的时间排练。有些同学下课晚，没有时间吃午饭，我就负责把饭菜给同学们带过来；有的同学动作不规范，组长就负责纠正指导；有的同学总是学不会，大家就反复做示范；还有的同学身材稍胖，我们就陪她一起锻炼……虽然大家来自不同的班级，14 个人的性格也迥然不同，但是在我们的团队里从来就没有指责和埋怨，更多的是互相包容、理解和帮助！

本次的舞蹈动作要求具有爆发力、柔韧性和协调性，这对于我们这些没有舞蹈功底的同学真是有些困难。教练王老师要求我们每组动作要练习 50 次。大家为了弥补没有舞蹈功底的不足，达到动作美观、协调自然、充满力量的效果，每组动作都要练上百次。特别是基本功要求的下腰、压腿动作，对于我们来说最具有挑战性。每次大家都是忍住疼痛，坚持练习。汗水湿透了我们的衣襟，泪水打湿了我们的面颊，大家依然咬紧牙关、继续坚持。我们深知，每付出一分汗水、一分疼痛、一分辛苦，就有一分收获。比赛时间如约而至，我们代表学校参加了北京市阳光体育中学生操舞系列大赛和大兴区健美操比赛。我们凭借娴熟的动作、精湛的舞姿在激烈的角逐中脱颖而出，取得了一等奖的好成绩。但我们深知，没有大家的团结协作，没有同学们的辛苦付出，就不会有今天的结果。

亲爱的同学们，在日常的学习生活中，我们的学校何尝不是一个"腾讯公司"？它不仅教给我们丰富的文化知识，还教会我们如何进行有效的团队合作，更教会我们在人生的旅途上，要和伙伴一起成长、一起前行的人生道理！

（辅导教师：闫雪颖）

阳光在我心中

北京市平谷区黄松峪中学初三（2）班　赵文莉

你知道乔安山吗？你知道郭明义吗？你知道南京路上好八连

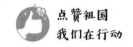

吗？如果都不知道，那有一个名字你一定知道——雷锋。他用短暂的一生帮助了无数人。一部可歌可泣的《雷锋日记》令无数读者为之动容。雷锋精神就像阳光，播撒温暖、播撒光明，照耀着一代又一代人努力前行。

我们班也有这样一位同学，她就是平谷区美德少年、全国最美中学生周天洋。周天洋是一名北京公益活动二星志愿者。她积极参加各种志愿服务活动，用实际行动为社会公益贡献着一份力量：植树节，她参加义务植树活动，为家乡增添一片新绿；儿童节，她走进福利院，给小朋友送去水果、玩具和书本；圣诞节，她来到残疾人康复中心，和残疾儿童一起做游戏，一起唱歌、跳舞；星期天，她随志愿者团队相约母亲河，会聚革命老区，在敬老院做志愿服务。

在这些活动中，令她最难忘的是去金海湖敬老院看望老人，老人们那艰难迟缓的行动、那掩饰不住的寂寞神情，让周天洋心里感到分外的沉重。也正是这份沉重，使周天洋更加坚定了做好一名公益志愿者的决心——她要用自己简单有力的行动，为家乡撑起一片蔚蓝的天空。

在班里，周天洋也是同学和老师公认的助人为乐楷模。她关心集体，学校组织的各项活动她都积极参加，劳动中最脏、最累的活她抢在前头：地上有纸屑，她主动捡到垃圾箱；黑板没有擦，她第一个拿起板擦；自习课，她主动维持纪律；同学有困难，只要能帮得上忙的，她定会二话不说就前来支援。记得有一次我患了重感冒，她发现我有点不对劲，立即给我接了一杯热水放在面前，还递上一片药，我吃下后，她还不停地询问我："感觉怎么样了，好点没？"整整一天，一到课间她就来照顾我，让我忘记了病痛，只感到阳光般的温暖。

作为班里的宣传委员，她也是尽职尽责。每当老师一说要换板报，她能立即构思好，迅速召集几位有能力的同学对黑板进行布置。只要她一开始画，那定是专心致志的。她对板报的要求可高了，有一点瑕疵就擦掉重画。她每画好一处，还要向班里的同学询问："这样行不行，那样好看吗？怎样布局才合适？"有时她为了画板报还会牺牲自己的午休时间，所以她的任务总能高质量地完成。对班级的事，她就是这样上心！

其实，她还是一个多才多艺的姑娘。画画、滑雪、跆拳道，她样样在行。尤其是唱歌，每当学校组织唱歌比赛，她保准是第一个冲上前的，为班级争得荣誉。她的歌声美妙极了，能让你听得如痴如醉。她说过，既然自己有这个才艺，那为何不表现出来，让大家一起快乐呢？

周天洋同学就像一缕阳光，给集体带来无限温暖，给同学带来无限欢欣。如果我们都能成为这一缕阳光，那么我们的校园将会被温暖所包围、被快乐所充盈，我们的社会也将会阳光普照。愿阳光永驻我心，让美好在我们身边常存！

（辅导教师：杨国艳）

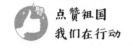

海纳百川　有容乃大

北京市密云区第三中学初一（8）班　祝婉蔚

　　寒假里，学校下发了《阳光少年　我们是好伙伴》这本书，最让我记忆深刻的一句话是："海纳百川，有容乃大。"这句话是出自林则徐的一副自勉联："海纳百川，有容乃大；壁立千仞，无欲则刚。"宽容是一种胸怀，一种睿智，一种乐观地面对人生的勇气。它能驱散生活中的痛苦和眼泪，它能传播心灵的快乐和微笑。

　　"宽容"是一种神奇的力量，它既是理解也是一种对待人和事的态度。2013年10月8日晚，作家周国平在微博上写道："昨夜过马路，被一辆疾驰的电动车撞倒，血流满面。到医院，脸颊缝了16针，颧骨3处骨折，可能要手术。医生问那个肇事者呢，我说当时就让他走了，看样子是个农民工，一不会给我治伤，二我不想让他赔医疗费，医生说你真宽容。这条微博是向大家告假，要休息几天。"

　　也许就是因为他的这份宽容，帮助了那位农民工。如果周国平先生咄咄逼人，纠缠着那位农民工不放，一定会两败俱伤，因为农民工本是无意地撞伤了他，但是最后却要付出昂贵的医药费。这对于一个普通的农民来工来说，是无法承受的，这无异于是让他的生活变得更加窘迫。按理来说，肇事者是应该赔偿医药费的，但是善良宽容的周国平先生选择了原谅，因为他能想到农民工的生活有多艰难，他能够原谅无意的错误，而不是纠缠不休。

正是因为他的这份宽容，这位农民工才不会增加更多的生活负担，才能恢复正常的生活；更是他的这份宽容，让所有的人，感受到了宽容的力量，感受到了宽容的大爱。

宽容是原谅，是换位思考，宽容可以改变很多事情。

记得有一次，在班里，课间休息的时候，有一位同学无意中碰掉了我的笔袋，于是我和他争执起来，我责怪他碰掉我的东西，忽视了他的道歉，一直以一种咄咄逼人的口吻责备他。于是，我们的关系闹得很僵，没有人愿意退一步，直到很久很久以后，我们的关系才有所缓和。

现在想想，真的很后悔、很惭愧。我缺少的就是那份宽容之心。如果我当初选择宽容，选择原谅他无意的错误，我们的关系就不会因此而闹僵。如果我当初选择接受他的道歉，而不是咄咄逼人，就不会因此而破坏了我们的感情。现在换位思考一下，其实他只是不小心碰掉我的笔袋，也道了歉，但是因为我的不理解，因为我的咄咄逼人，使事情进一步恶化。明明是一件不起眼的小事，接受道歉，原谅对方，事情就过去了，但到了我这里，却变了……唉！我真的缺少一颗宽容之心，我也未曾用一颗宽容之心去对待身边的人和事，和善良宽容的周国平先生相比，我真是惭愧至极。

是什么让重伤的周国平先生选择放过肇事者，并让他重新过上平静的生活，让他重新找回失去的尊严，让他重新感受人间的温暖？是宽容。

宽容，真的很神奇，如果有一颗宽容的心，会改变很多事情；宽容，真的很重要，它不只是针对某个人，而是针对整个社会，我们这个社会需要宽容。

"宽容"是一种生存的智慧、生活的艺术，是看透了社会人生以后所获得的那份从容、自信和超然。请谨记"海纳百川，有容乃大"，让我们每个人都怀揣一颗宽容之心，用这颗宽容之心，对待身边的人和事：让这个社会，充满善意的原谅；让这个社会，充满无限的包容；让这个社会，变得更加温暖。同学们，让我们多一分宽容，多一分体谅，多一分理解，多一分友爱，愿你我的胸怀像大海，无所不容！愿你我的校园像家园，和谐精彩！

（辅导教师：梁金贵）

阳光校园　我们是好伙伴

北京一零一中怀柔校区初一（6）班　孙　周

2016 年秋天一个晴朗的上午，阳光如水一样灿烂地流动，万里无云，天空像碧玉一样澄澈。我带着对未来的憧憬，怀着激动、快乐的心情来到了一零一中学，走进了我的初一生活。

来到这里的第一感觉就是新奇、有趣。这里有新的环境、新的面貌。这里的一切都让我无法按捺心中的狂喜：校园是那样的整洁、优美。新的同学是那样的友善。新的宿舍是那样的干净、温馨。老师是那样的和蔼可亲、富有活力。开学第一天，在班主任的带领下，我们参观了学校的图书馆、食堂、计算机房以及实验室。想到自己以后就在这里学习、生活，心里别提有多美了。回到教室，我们依次做自我介绍，大家虽然互相不是很了解，但我们心里明白，今后我们将有一个共同的名字叫"初一（6）班"——一个积极、团结、友善的大家庭。这孕育着我们对未来学习、生活的期待和希望！希望在这片纯洁、阳光的沃土上，我们能够变成矫健的雄鹰，翱翔于苍穹之上。

"逝川与流光，飘忽不相待。"转眼间，我就要升入初二了，来到这里已经有一年的光景。如果你要问我在这一年里觉得什么是最珍贵的？那么我会毫不犹豫地告诉你，是知识。这里让我从懵懂无知变得更加阳光、更加意气风发，这里使我明白中学是一个求知、探索的地方，只有智慧的花儿才能优雅地盛开，只有希望的苗儿才能在这里成才。在老师的教导下，我慢慢地喜欢上了阅读。久而久之，阅读各种经典著作使我从中感受到了许多快乐和满足。读书不仅开阔了我的视野，丰富了我的知识，而且还让我的心态更加豁达、乐观、阳光，遇到问题不再是逃避而是能够积极勇敢地面对。我还懂得了如何跟同学、老师沟通、相处。以前的我很内向，总是喜欢独处，和同学之间也很少交流，上课都不敢直视老师的眼睛。自从喜欢上阅读以后，在课堂上我越来越喜欢发表自己的观点，喜欢和同学分享我的想法，课外也会踊跃参加各种班级、校园活动。不仅如此，我还把自己的亲身经历分享给同学们，让他们也加入到阅读经典的行列中。经过长时间的努力，我和我的同学们在阅读方

面都有了更大的进步。而我自己也不再是那个固步自封、爱钻牛角尖的小女孩了，而是一个充满朝气、充满阳光、乐观积极的优秀少年。

在这里，我要感谢我的老师、同学，是你们让我在这里得到温暖、得到爱的阳光，使我能够迈着轻捷的步伐走进校门，带着希望的歌声走向未来。

（辅导教师：张晶玲）

阳光校园　我们是好伙伴

北京市昌平区兴寿学校初三（2）班　齐可欣

尊敬的各位领导、各位老师，亲爱的同学们，大家好！我是兴寿学校初三（2）班的齐可欣，今天我演讲的题目是《阳光校园　我们是好伙伴》。

当清晨的阳光照射在你的眼角，你是否感到心中丝丝的温暖？当最后一缕阳光落下，你是否认为有人在用慈祥的目光默默地注视着你？当你沐浴在阳光下的时候，你是否感到心中无比舒畅？当阳光一直伴着你的时候，你是否认为自己是天下最幸福的人？如果你问我什么是属于我的阳光，我会不假思索地告诉你，是我们整个初三（2）班。

初中三年，从初一的稚嫩、初二的叛逆再到初三的成熟，我们经历了太多太多。如今，初中三年即将结束，我们也将各奔东西，但当我回首这三年的往事，却是记忆犹新、恍若隔日。作为初三备考生，体育考试是我们要迎接的第一道关卡。就在昨天，我站在红色的跑道上，开始最后一次的 800 米跑。枪声初响，我毅然踏上了这最后的征程。800 米拼的是爆发更拼的是坚持，400 米、500 米、600 米……此时的我已是筋疲力尽，望着遥遥无期的终点，我的内心近乎崩溃，但就在这时，终点传来我名字的呼喊声："齐可欣加油！"我回眸看向终点，同学们在绿色的草坪上为我呐喊，少男少女们激情的脸庞让我回想起了这三年来最美的时光：2014 年的盛夏，我们迎着阳光，携手走进兴寿学校的大门。我们驰骋于操场的热情洋溢、我们百日誓师的慷慨激昂、我们在中考前奋斗的一点一滴……这一切的一切让我从一个自卑的女孩变得充满自信，让我敢于走上这个演讲台，敢于向所有人讲述我们初三（2）班的故事。正如梁实秋先生说过的："你走，我不送你。你来，无论多大风多大雨，我要去接你。"我想，无论以后我们经历什么，我们变成什么样子，初三（2）班永远是我们心灵的港湾，是我们最初的起点。感谢你，我亲爱的初三（2）班！

初三（2）班的阳光普照了我，但却普照不了整个世界。校园欺凌现象是近几年逐渐出现在人们视野中的，并且越发严重。这种现象让一个个弱势的孩子们对这个世界失去了信任，更失去了对自己的尊重。全国各地校园欺凌的事件不在少数，有些事件还出现在媒体的头条版面上。2017 年 6 月，某个中学的学生凌辱同学的视频在微博上成了热门话题。视频里面，一个穿着校服的女生被她

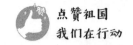
的同龄人排着队轮流扇耳光。同一个月内近 10 起校园霸凌事件被媒体曝光，讨伐声一浪高过一浪，报纸上出现了带着大问号的黑体字：现在的孩子怎么了？为什么？曾经那个充满阳光的校园去哪儿了？校园欺凌，这是一个听起来很可怕的名词，但总有人会认为，一个集体总要有强者与弱者，而强者欺凌弱者是一个正常的表现，而我想要告诉大家的是：强者之所以强，是因为他们有能力去保护弱者。我们初三（2）班也有一个"老大"，而这位"老大"却主动承担了保护弱者的责任。有一天早上，我到后操场进行体育锻炼，我看到"老大"带着我们班比较弱小的涣涣在操场上跑步。我走过去问他们在干吗，当时"老大"严肃地对我说："以后他如果上了别的学校，要是有人欺负他，还能跑。""老大"的话虽然淳朴、不耐听，但却令我感到深深的震惊，我从未想到过一个在老师眼中的调皮孩子，竟有如此大的担当。记得《蜘蛛侠》中，彼得的叔叔曾经对彼得说，能力越大，责任就越大。我认为"老大"就将这一点落实到了行动中。这也正好体现了我们初三（2）班的精神：同情弱者，帮助弱者，承担该有的责任，让爱与阳光永远伴随我们。

大家都知道，2017 年的高考作文题目是《纽带》，而我希望我的演讲可以成为一条纽带，可以将我的感情传递给大家，可以让大家了解校园欺凌的危害。2017 年有一部影响力很大的电视剧《人民的名义》，很多人都追过这部剧。我想问一下大家，在这部剧中你最喜欢的人是谁？我最喜欢的人是侯亮平，因为他的正义，因为他的担当。也许你会说：我们只是普通的中学生，我们没有在官场叱咤风云。但是，这份正义就不该有吗？不是。如果您是老师，当您的孩子开始变得沉默寡言，当您的学生孤零零地一个人坐在教室的角落，请您再看他 3 秒，哪怕只有 3 秒，您的敏感可能阻止一场霸凌向更恶性的方向发展。如果你像我、像"老大"一样，是一个普通的学生，那么我请你不要容忍，要承担起正义的责任。在面对被欺凌的弱者时，希望我们都能保持并且坚守这份正义，让阳光洒满我们的校园，让我们彼此都能成为好朋友。初三（2）班的精神不仅陪伴着我，更陪伴着你们。

最后，我要大声地喊出这正义的口号："阳光校园，我们是好伙伴。"

（辅导教师：崔立杰　张广东）

后 记

　　这是一本教育部关工委主题教育读书活动北京地区获奖演讲稿的集子，也是一本优秀的思想品德教育读本。阅读每一篇文章，都仿佛是在探寻一个个优秀中小学生的心灵，也让我们为能有这样的孩子而感动和欣慰。

　　为了这本书的出版，很多人付出了心血。

　　首先要感谢教育部关工委，他们组织主办的主题教育读书活动，给全国中小学生创设和搭建了通过参加主题教育读书活动不断健康成长的平台和载体。

　　其次要感谢北京教育系统关工委的各位领导和秘书处的同志们。他们系统谋划、整合资源、筹募资金、编辑稿件等，推动和保证了本书的正式出版。感谢人民出版社副总编辑陈鹏鸣对本书的顺利出版所提供的积极支持与帮助。

　　我们还要感谢各区教育系统关工委，他们不光高度重视、精心组织、扎实推动了主题教育读书活动，并且收集和整理了这些稿件；感谢各区教育工委、区教委和学校党政领导对主题教育读书活动的政策支持和资金保障；感谢各学校相关老师和家长对主题教育活动的积极参与，每一篇优秀稿件都是各位老师精心辅导的结果。

　　特别要深深感谢冉红教授，她用自己的稿酬，赞助了本书出版需要的部分资金。

北京教育系统关心下一代工作委员会

2019 年 7 月

责任编辑：王　淼
装帧设计：汪　阳

图书在版编目（CIP）数据

点赞祖国　我们在行动：2017—2019 年全国青少年主题教育读书活动北京地区
　征文获奖作品集／北京教育系统关心下一代工作委员会 编 . —北京：人民
　出版社，2019.11
ISBN 978 - 7 - 01 - 021312 - 5

I. ①点… 　II. ①北… 　III. ①读后感 - 中小学 - 选集 　IV. ① H194.5

中国版本图书馆 CIP 数据核字（2019）第 205723 号

点赞祖国　我们在行动
DIANZAN ZUGUO WOMEN ZAI XINGDONG

2017—2019 年全国青少年主题教育读书活动北京地区征文获奖作品集

北京教育系统关心下一代工作委员会　编

人 民 出 版 社 出版发行
（100706　北京市东城区隆福寺街 99 号）

北京汇林印务有限公司印刷　新华书店经销

2019 年 11 月第 1 版　2019 年 11 月北京第 1 次印刷
开本：710 毫米 ×1000 毫米 1/16　印张：17.25
字数：184 千字

ISBN 978 - 7 - 01 - 021312 - 5　定价：54.00 元

邮购地址 100706　北京市东城区隆福寺街 99 号
人民东方图书销售中心　电话（010）65250042　65289539